¡VALE!

COMENZAMOS

2

2ª edição

Adda-Nari M. Alves

Professora de Língua Espanhola, Literatura Espanhola, Cultura Hispânica, Metodologia do Ensino de Língua Espanhola na PUC-RS, de 1966 a 2000
Professora de Lingüística e Língua Espanhola no UNILASALLE, Canoas-RS
Professora de Língua Espanhola e Metodologia do Ensino de Língua Espanhola, na Universidade Regional Integrada de Frederico Westphalen-RS
Mestre em Lingüística Aplicada
Professora de Cursos de Pós-Graduação, na UNOESC, Santa Catarina

Angélica Mello

Professora de Língua Espanhola, na rede estadual do Rio Grande do Sul
Consultora para elaboração dos Parâmetros Curriculares para o Ensino de Língua Espanhola
Doutora em Filologia Românica, pela Universidade Nacional de la República-Montevidéu
Professora de Língua Espanhola, de Língua Portuguesa e de Filologia Românica, na PUC-RS, de 1985 a 1997

español
Santillana

español
Santillana

COORDENAÇÃO EDITORIAL: Véra Regina A. Maselli
EDIÇÃO DE TEXTO: Daisy Pereira Daniel
ASSISTÊNCIA EDITORIAL: Adriana Feitosa
PREPARAÇÃO E REVISÃO DO TEXTO: Letras e Idéias Assessoria em Textos Ltda
COORDENAÇÃO DE PRODUÇÃO GRÁFICA: Fernando Dalto Degan
COORDENAÇÃO DA REVISÃO: Estevam Vieira Lédo Jr.
COORDENAÇÃO DE ARTE: Wilson Gazzoni Agostinho
PROJETO GRÁFICO: Christiane Borin, Flavia Maria Susi
EDIÇÃO DE ARTE: Christiane Borin
CAPA: Christiane Borin
Foto da capa: Ariel Skelley/The Stock Market-Stock Photos
COORDENAÇÃO DE PESQUISA ICONOGRÁFICA: Vera Lucia da Silva Barrionuevo
PESQUISA ICONOGRÁFICA: Vera Lucia da Silva Barrionuevo
As imagens identificadas com a sigla CID foram fornecidas pelo Centro de Informação e Documentação da Editora Moderna.
ILUSTRAÇÕES: Girotto, Grego, Ale Machado
COORDENAÇÃO DE DIAGRAMAÇÃO: Edimilson Carvalho Vieira
DIAGRAMAÇÃO: Grapho Editoração
TRATAMENTO DE IMAGENS: Grapho Editoração, Fábio N. Precendo, Sílvio Pereira
SAÍDA DE FILMES: Grapho Editoração
COORDENAÇÃO DE PRODUÇÃO INDUSTRIAL: Wilson Aparecido Troque
IMPRESSÃO E ACABAMENTO: Gráfica Bandeirantes

Expresamos nuestro sincero agradecimiento a los profesores que contribuyeron con sus críticas y sugerencias: Allan Carlos Froes Cal (BA), Carla Aparecida Lampert (RS), Etelberto Giraldo Acosta (RN), Lívia Márcia Tiba Radis Baptista (SP), Maria Angélica Marcos Nery (SP), Raúl Norberto Laborde (PE), Talita Barreto de Aguiar (RJ).

Dados Internacionais de Catalogação na Publicação (CIP)
(Câmara Brasileira do Livro, SP, Brasil)

Alves, Adda-Nari M.
¡Vale! : comenzamos : 2 /Adda-Nari M. Alves, Angélica Mello. — 2. ed. — São Paulo : Moderna, 2002.

Obra em 4 volumes.

1. Espanhol - Estudo e ensino - Brasileiros (Ensino fundamental) I. Mello, Angélica. II. Título.

02-2428 CDD-372.6

Índices para catálogo sistemático:
1. Espanhol : Ensino fundamental 372.6

ISBN 85-16-03239-6 (LA)
ISBN 85-16-03240-X (LP)

Santillana
EDITORA MODERNA LTDA.
Rua Padre Adelino, 758 - Belenzinho
São Paulo - SP - Brasil - CEP 03303-904
Vendas e Atendimento: Tel. 55 11 2602-5510 / 0800 771 8181
Fax 55 11 2790-1284
www.santillana.com.br
2010

Impresso no Brasil

LA: 9ª impressão - jan/2010

PRESENTACIÓN

¡Qué bueno tenerlo como compañero en este "viaje" por la lengua española!

Serán momentos agradables, pues usted conocerá al mundo mágico de las palabras, recurrirá los caminos del saber. Buscamos ofrecerle medios de aprender con alegría y entusiasmo, tornando nuestro paseo muy agradable.

En este "viaje" estaremos ofreciendo varios recursos didácticos, que serán los siguientes:

Actividad oral Desarrollo y dominio de la expresión oral.

Adivinanzas Creatividad y uso efectivo de la lengua.

Curiosidad Acceso a diferentes áreas del conocimiento.

Desafío Incentivo a la improvisación del lenguaje oral y su participación activa en clase.

Desarrollo de la percepción auditiva de la lengua en estudio y el consecuente desarrollo oral.

Desarrollo de la percepción auditiva y consecuente oralidad.

Investigación El español como medio de obtener informaciones.

Jueguito Aprendizaje lúdico de la lengua española.

Temas prácticos para ejercicio oral y conocimiento del lenguaje coloquial, técnico y literario.

Momento literario Contacto y dominio de la belleza y del arte en el lenguaje textual, y consecuente desarrollo de su sensibilidad, su imaginación y su creatividad.

Proyecto de clase Preparación y capacitación para futuras investigaciones.

Rinconcito de la Risa Momentos de aprendizaje con bromas y humor.

Ventanita Ampliación de la visión de mundo y aceptación de sus diferencias socioculturales.

No tenga miedo de errar, pues todos, sin una sola excepción, aprendieron y aprenden errando.

El error lo hará retomar su estudio, comprenderlo y crecer en la formación de su carácter, por su dedicación y responsabilidad, y en su desarrollo sociocultural, por la ampliación de sus conocimientos.

¿Listo? ¡Bárbaro! Póngase la mochila y aprenda la lengua española con

V oluntad,
A legría,
L abor,
E ntusiasmo.

Las Autoras.

TABLA DE CONTENIDOS

A Juarez Silva Alves, mi esposo y gran amigo, a mis padres Paulo y Adelina, al Hermano Elvo Clemente, y a mis amigas Clarice Moraes y Juliana Freitas.

A Guido, Miguel, Zoé, Onédison, Willians Barros, Pascal, Patrícia Chittoni, Crarinha Augusta y a todos mis alumnos del Instituto de Educação General Flores da Cunha (Porto Alegre) va dedicado este libro.

A todo el equipo MODERNA que, por su trabajo, sabe que determinadas cosas siempre VALEN MUCHO.

Unidad 1

La Familia

ACTIVIDADES

1. Dominó de palabras. Para resolver este crucigrama deberás agregar solamente las consonantes. Si no sabes cómo se escriben las palabras del juego, búscalas en el diccionario.

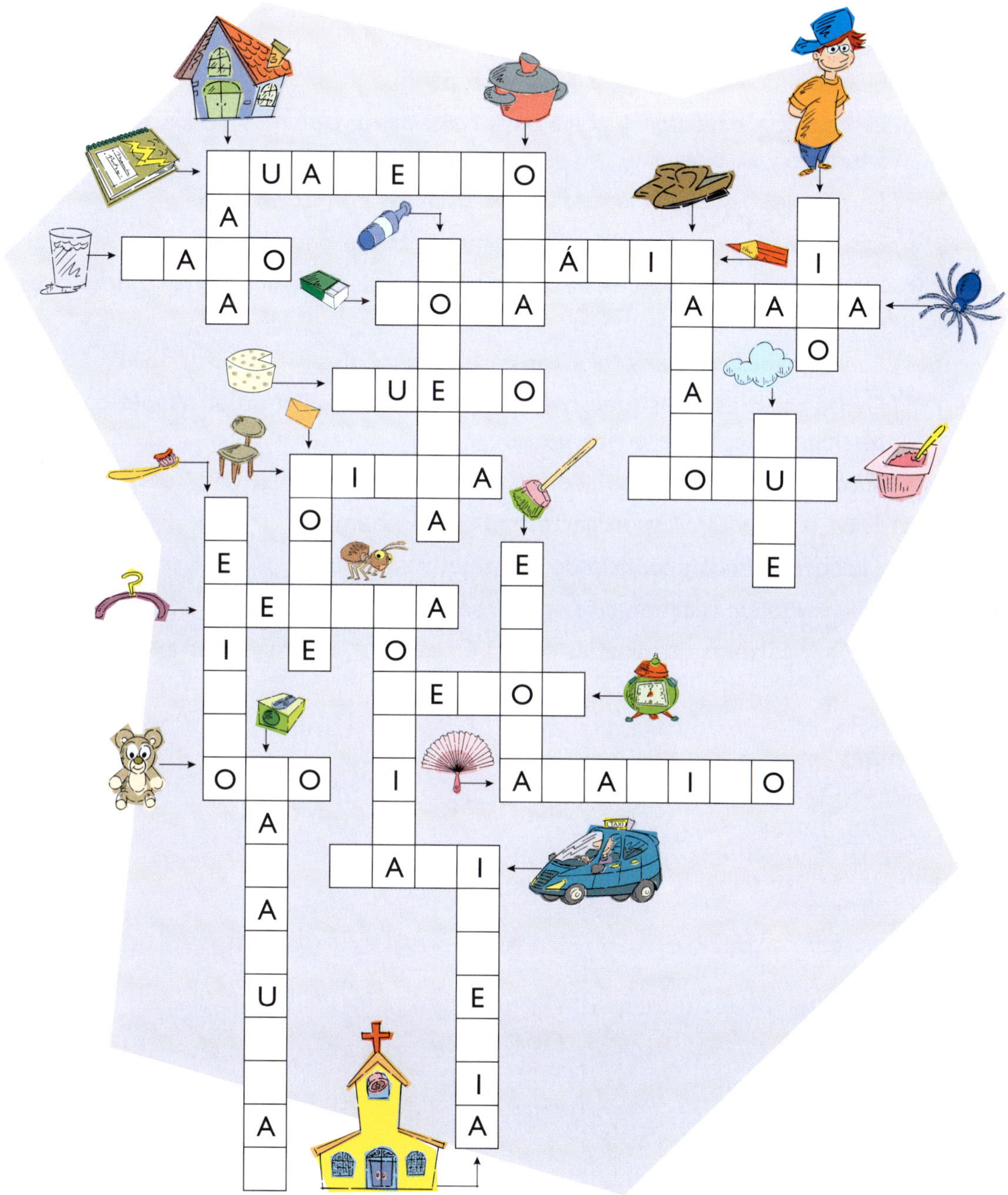

2. ¿Qué letras del alfabeto español no han aparecido en el dominó?

___

3. ¿Cuándo empleamos la k y la w?

___

___

4. Para este ejercicio deberás consultar un diccionario. Lee las informaciones abajo y di si son verdaderas (V) o falsas (F).

( ) a) La palabra *borrar* significa la misma cosa en portugués y en español.

( ) b) Observando el orden alfabético de las palabras, se puede decir que *escuela* viene antes de *escultor* y después de *escuchar*.

( ) c) *Platicar*, *charlar* y *conversar* son sinónimos.

( ) d) El antónimo de *estrecho* es *largo* en español.

( ) e) La correcta partición silábica para *calle*, *perro*, *alumno* y *acción* es: ca-lle, pe-rro, a-lum-no y ac-ción.

( ) f) En español hay, como en portugués, palabras con Ç, RR y SS.

( ) g) Las palabras *clase* y *aula* pueden tomarse como sinónimas.

( ) h) Las abreviaturas *f.* y *m.* se aplican a las palabras femeninas y masculinas, presentes en el diccionario.

( ) i) *Cantar*, *comer*, *concluir* y *color* son verbos españoles.

( ) j) De las palabras que siguen, hay dos que no están en el orden alfabético: *besuquear*, *biberón*, *billete*, *bigote*, *brinco*, *brazo*.

( ) k) *Sacapuntas*, *sandía* y *sastre* son, respectivamente, útil escolar, fruta y profesión.

( ) l) *Talón*, *tobillo* y *tornillo* son partes del cuerpo humano.

( ) m) *Candado*, *cerrado* y *complicado* son adjetivos.

( ) n) *Álbum* y *tótem* realmente terminan con M en español.

( ) ñ) No hay palabras terminadas con M en español, con rarísimas excepciones.

Rinconcito de la Risa

La frase

— Carlos, di una frase con *tienes*.

— Él no tienes lápiz.

— Está mal. El verbo se conjuga así: yo no tengo lápiz, tú no tienes lápiz, él no tiene lápiz...

— ¡Bárbaro! ¡Soy el único que tiene lápiz!

Animales

— ¡David! ¿Sabes nombrar por lo menos seis animales que viven en las estepes africanas?

— Sí, profe, seis cebras.

5. Escucha atentamente este diálogo entre tres jóvenes argentinos. Léelo y sigue las orientaciones de tu profesor.

A la escuela

Jaime: ¡Andrés! ¡Andrés! ¿Estás listo? Vámonos.

Andrés: ¡Ya voy! Sólo un ratito, Jaime.

Jaime: Ya son las ocho menos veinte, flaco.

Andrés: Aquí estoy. ¡Uff! Vamos a clase. ¿Quién es tu compañera?

Jaime: ¡Ah! Ésta es Dani, mi nueva vecina. Va a estudiar en nuestro colegio.

Andrés: ¡Hola! Mucho gusto, Dani. Sé bienvenida.

Dani: Gracias, Andrés. El gusto es mío. ¡Qué suerte encontrar compañeros como ustedes!

Andrés: ¿De dónde eres, Dani?

Dani: Soy de Córdoba y ahora vivo en Buenos Aires. Mi padre fue invitado a dirigir una empresa de exportación de carnes. ¿Y tú, Andrés?

Andrés: Soy de Santa Fe, pero ya vivo aquí desde mis tres años.

Jaime: La charla está muy buena, amigos, pero en diez minutos empiezan las clases. Tenemos que ir muy rápido.

Andrés: ¡La pucha! Vamos, vamos, ¿sí, Dani?

Dani: Por supuesto. ¡A la escuela!

Vocabulario
La pucha: puxa; caramba.

Vamos a acordar los artículos.
Observa. Decimos **el** amigo, **la** maestra, **los** libros, **las** tareas.

GÉNERO \ NÚMERO	SINGULAR	PLURAL
MASCULINO	**el** colegio	**los** colegios
FEMENINO	**la** muchacha	**las** muchachas

Cuando decimos que el libro es *actualizado, bueno* y *didáctico* estamos describiendo las cualidades del libro. Así también, si decimos que mamá es *amiga, cariñosa, trabajadora, guapa* y *alegre*.

Te presentamos, a continuación, algunas cualidades con ideas contrarias. Fíjate bien.

recto/curvo

divertido/aburrido

lleno/vacío

cerrado/abierto

fuerte o robusto/débil

nuevo/viejo

oscuro/claro

largo/corto

derecho/izquierdo

bajo/alto

gordo o fuerte/
delgado o flaco

caliente/frío

dormido/despierto

anciano/joven

sucio/limpio

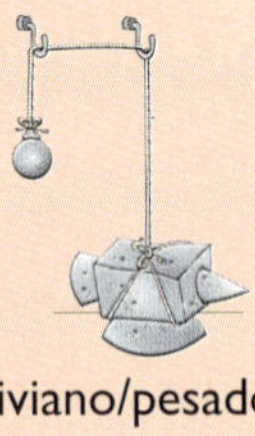
liviano/pesado

mojado/seco

ancho/estrecho
o angosto

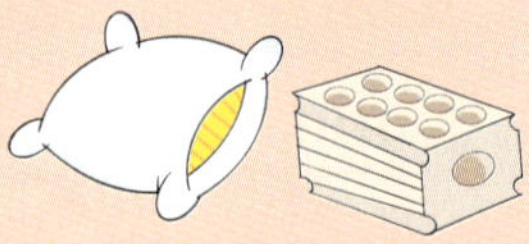
blando/duro

harapiento/elegante

aspero/llano o liso

erecto o tieso/
inclinado o agachado

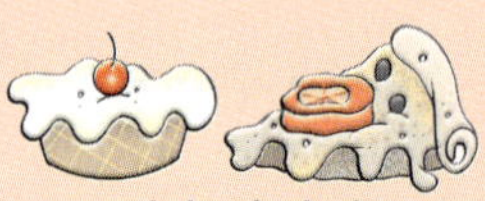
dulce/salado

6. Relaciona las figuras a las ideas que representan.

a) lleno	d) estrecho	g) fuerte	j) ancho
b) duro	e) corto	h) vacío	k) limpio
c) sucio	f) blando	i) flaco	l) largo

(   )

(   )

(   )

(   )

(   )

(   )

(   )

(   )

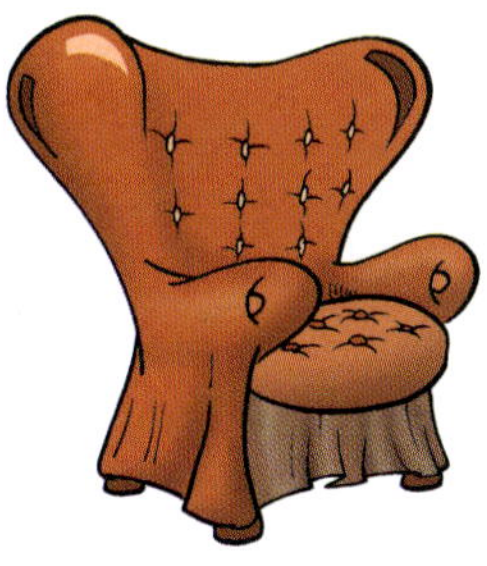
(   )

(   )

(   )

(   )

La familia

7. Pon atención en las informaciones y luego escribe a qué personas se refieren. Las palabras que necesitas están en la relación abajo, pero en portugués.

casal	irmão	esposa	bisavô	neto
tio	cunhado	padrinho	padrasto	sobrenome
primo	genro	afilhado	madrasta	nora
pai	sogro	filho caçula	filho adotivo/de criação	namorado
mãe	sobrinho	bisneto	avó	meio-irmão

1. Está casado con mi madre. ___ ___ ___ ___ ___
2. Hijo de mis padres. ___ ___ ___ ___ ___ ___ ___
3. Padre de mi novia. ___ ___ ___ ___ ___ ___
4. Hermano de mi padre. ___ ___ ___
5. Está casada con mi hijo. ___ ___ ___ ___ ___
6. Segundo esposo de mi madre. ___ ___ ___ ___ ___ ___ ___ ___ ___
7. Madre de mi madre. ___ ___ ___ ___ ___ ___
8. Hijo de mi hijo. ___ ___ ___ ___ ___
9. Hijo menor de una familia. ___ ___ ___ ___ ___ ___ ___ ___
10. Está casado con mi hija. ___ ___ ___ ___ ___
11. Soy su ahijado. Él es mi... ___ ___ ___ ___ ___ ___ ___

12. Segunda esposa de mi padre... ___ ___ ___ ___ ___ ___ ___ ___ ___

13. Padre de mi abuelo... ___ ___ ___ ___ ___ ___ ___ ___ ___

14. Hombre y mujer juntos forman una... ___ ___ ___ ___ ___ ___

15. Está casada conmigo. ___ ___ ___ ___ ___ ___

16. Hijo de mi nieto. ___ ___ ___ ___ ___ ___ ___ ___

17. Ella es mi madrina. Soy su... ___ ___ ___ ___ ___ ___ ___

18. Hijo de la hermana de mi padre. ___ ___ ___ ___ ___

19. Hijo del segundo esposo de mi madre. ___ ___ ___ ___ ___ ___ ___ ___ ___ ___ ___

20. Está casado con mi hermana. ___ ___ ___ ___ ___ ___

21. Hijo de mi hermano. ___ ___ ___ ___ ___ ___ ___

22. Hijo del primer matrimonio de mi marido. ___ ___ ___ ___ ___ ___ ___ ___

23. Está apasionado por mí y no estamos todavía prometidos. ___ ___ ___ ___ ___

24. Soy su hijo. Ella es mi... ___ ___ ___ ___ ___

Jueguito

Facegrama. Mira las caras de los tres colegas. Las que tienen los nombres revelan su futura profesión y las demás dicen como son los tres jóvenes.

8. Ésta soy yo. Me llamo Maribel y les voy a presentar mi familia.

Mis abuelos están al centro; los de pelo blanco. Tienen una pareja de hijos. El hijo lleva camisa azul y está al lado de la esposa; la hija lleva una falda verde y es mi madre. Mi padre, yo y mi hermano estamos junto a mamá. Los otros chicos son mis primos.

De acuerdo con las informaciones presentes en la ilustración y en el texto, completa los huecos.

a) ________________ y ________________ son los abuelos de la familia.

b) ________________ y ________________ son los hijos de José y Nora.

c) ________________ es la nuera de José y Nora.

d) ________________ es el yerno de José y Nora.

e) ________________ y ________________ son cuñados.

f) ________________ y ________________ son sobrinos de Leo y Gloria.

g) ________________ y ________________ son tíos de Maribel y Pedro.

h) ________________ y ________________ son primos de Fernando y Andrés.

i) ________________ , ________________ , ________________ y ________________ son nietos de ________________ y ________________.

j) ________________ es hermano de Gloria.

Para ayudarte, aquí van algumas palabras que se utilizan para explicar cómo son las personas:

Amigazo: persona fiel y gran amiga (Uruguay y Argentina).
Boyante: persona de buena onda, feliz (España).
Bromista: persona con sentido de humor, chistoso (España y América).
Campechano: persona muy amable, atenciosa (España).
Cascarrabias: se encoleriza muy fácilmente (España, Uruguay y Argentina).
Chupamedias: demasiado adulador, que busca agradar exageradamente (Uruguay y Argentina).
Derrochador: persona que gasta dinero con exageración (España).
Despabilado: persona ducha, lista, extrovertida (España).
Mendrugo: persona que no suelta el dinero, no lo quiere gastar (España).
Pajarero: persona de buen humor (España).
Papanatas: persona crédula y fácil de ser engañada (España).
Regañón: impaciente, que no se satisface con nada. Reclama de todo (España).
Una papeleta: es un problema para otras personas (España).
Un hueso: persona extremamente exigente (España).
Un rollo: persona inoportuna y molesta (México, España, Argentina y Uruguay).
Vivaracho: persona traviesa, tramposa (España).

9. ¿Vamos a una tarea diferente? Pues a entrevistar a un compañero tuyo sobre su familia. Te damos algunas preguntas orientadoras.

a) ¿Cómo se llama tu...?
b) ¿Qué edad tiene él(ella)?
c) ¿Dónde vive(n) tu(s)...?
d) ¿Qué hace él(ella)?
e) ¿Está casado(a), soltero(a), viudo(a)?
f) Qué puedes decir del aspecto físico de cada uno?
g) ¿Cómo es el temperamento de cada uno?

10. ¿Listo? Entonces lee la ficha de los familiares de tu compañero de clase llamado...

Familia	Brasil	Países hispánicos
Padre	Dario Silva Flores	Darío Pérez Guzmán
Madre	Ivone Pontes Flores	Ivone Fuertes Pérez
Hija	Graciela Pontes Flores	Graciela Pérez Fuertes

FÍJATE

En los países hispánicos, si hablamos de matrimonio, diremos los señores Jiménez o los Jiménez. Hay que observar que, en el trabajo y en las relaciones oficiales, las mujeres conservan su apellido. Y en tu país, ¿cómo es?

____

____

El árbol genealógico

1. Dionisio Jiménez Matos
2. Elvira Recio Gómez
3. Raquel Martín García
4. Antonio Jiménez Recio
5. José Sosa Martín
6. Lidia Jiménez Recio
7. Pedro Sosa Jiménez
8. Diana Jiménez Martín

11. Forma árboles genealógicos, como el del modelo, con los nombres y apellidos abajo.

Hombre	Mujer	Apellidos
Claudio	*Virginia*	*Robledo*
Armando	*Teresa*	*Hernández*
Germán	*Natalia*	*León*
Hugo	*Alejandra*	*Hoyos*
Damián	*Violeta*	*Navarro*
Francisco	*Mabel*	*Cantos*

12. Escribe el femenino para cada palabra, respetando el color de cada par.

Padre		Hombre	
Yerno		Cuñado	
Abuelo		Padrino	
Suegro		Padrastro	
Marido		Novio	

Como has visto, en la actividad anterior, la primera y tercera columna contienen palabras masculinas y la segunda y la cuarta, palabras femeninas. Tenemos aquí dos maneras de formar el femenino: la primera con palabras ______________ y la otra con diferencia en el ______________ de la palabra, con la letra __________ para el masculino y la letra __________ para el femenino.

Ahora escribe las dos reglas para formar el femenino en español.

1ª regla: ______________________________

____

Ejemplos: ______________________________

2ª regla: ______________________________

____

Ejemplos: ______________________________

13. Mi nombre es Luján. Tengo 12 años y estoy en el sexto año de la escuela. Éstos son mis compañeros de clase. Tu trabajo consiste en presentar a mis compañeros oralmente, describiéndolos también.

14. Observa las fotos. ¿Para qué sirven estos objetos? Para realizar esta tarea, busca en el diccionario los verbos relacionados a ellos. Ten en cuenta el modelo.

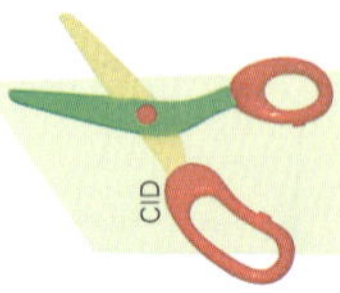

La tijera sirve para cortar cosas./La tijera sirve para cortar papel, tela y cartón.

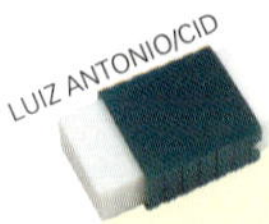

CID

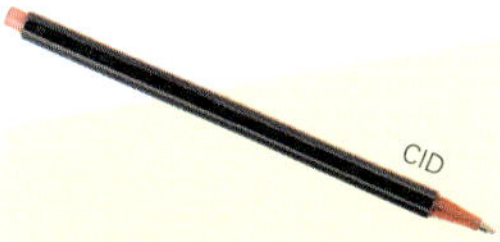
CID

CID

CID

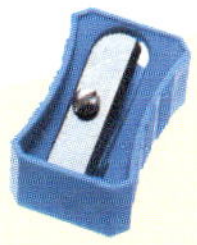
CID

CID

CID

CID

CID

FOMPEU/STUDIO 47

POMPEU/STUDIO 47

15. Escucha a estas personas y completa las informaciones pedidas. Observa que algunos datos ya aparecen registrados.

FOTOS: CID

Nombre: ____________________

Apellidos: ____________________

Apodo: ____________________

Edad: 12 años

Nombre: ____________________

Apellidos: Blanco Rodríguez

Apodo: ____________________

Edad: ____________________

Nombre: ____________________

Apellidos: ____________________

Apodo: Lupe

Edad: ____________________

Nombre: Francisco

Apellidos: ____________________

Apodo: ____________________

Edad: ____________________

Nombre: ______________________

Apellidos: ______________________

Apodo: Pili ______________________

Edad: ______________________

Nombre: Francisco ______________________

Apellidos: ______________________

Apodo: ______________________

Edad: ______________________

Nombre: ______________________

Apellidos: ______________________

Apodo: Juanjo ______________________

Edad: ______________________

Nombre: ______________________

Apellidos: ______________________

Apodo: ______________________

Edad: ______________________

Escucha, completa y canta.

Cielito lindo

Folklore mexicano

De la sierra morena, ________________ lindo, vienen ________________
un par de ________________ negros, cielito lindo, de ________________ .

Ay, ay, ay, ay canta y no ________________
porque cantando ____________ ____________ , cielito lindo, los ________________ .

________________ lunar que tienes, cielito lindo, ________________ a la boca
No se lo des a ________________, cielito lindo, que a mí ____________ ____________ toca.

Ay, ay, ay, ay canta y no ________________
porque cantando se ________________ , cielito lindo, los ________________ .

De tu casa a la mía, cielito lindo, no es más de un ________________,
y ________________ que estamos solos, cielito lindo, ________________ un ________________ .

Curiosidad

Nombre	Apodo
Rafael	Rafa
Antonio	Toño
Pilar	Pili
Teresa	Tere
María Teresa	Tere
Guadalupe	Lupe

Adivinanzas

"Soy Laura. Tengo tantos hermanos como hermanas, pero mis hermanos tienen el doble de hermanas que hermanos. ¿Cuántos somos?

____

____

____

____

¿Puede uno casarse con la suegra de la mujer del hermano?

____

____

Jueguito

Mensaje secreto

Aquí tienes un mensaje secretísimo que deberá ser descifrado. Para tanto, observa que a cada letra que encuentres le corresponde su anterior o posterior, según el orden alfabético. Ten en cuenta también que no siempre esa correspondencia será igual. Si quieres, puedes completar el alfabeto antes de empezar la tarea.

Alfabeto

A B C D E F G H I J K L M N Ñ

O P Q R S T U V W X Y Z

Mensaje

O B Q B   B Q S D Ñ C F Q

__________ ____________________

D T Q B N Ñ M   C F A P

__________________ __________

D T U T C H B S   R J D L O S F

____________________ ________________

Ventanita

El día del santo

CID

Los brasileños celebran sus cumpleaños, con derecho a fiesta y regalo. Los pueblos hispanos hacen igual fiesta, también con derecho a regalo, el día de su santo. El santo es el día del santo de su nombre. Ejemplo: si un niño nació el 15 de abril y se llama Juan, va a celebrar su cumpleaños y también su santo, el 24 de junio, que es día de San Juan, con derecho a regalo. Ahora, si un niño se llama Pedro y nació el 29 de junio, conmemora su santo y cumpleaños el mismo día y cada persona le da dos regalos.

Otras culturas

La primera receta para elaborar el jabón es sumeria y data del año 3000 a.C. Se mezclaba una parte de aceite con cinco de potasa, obteniéndose una pasta que libraría el cuerpo y muchas cosas de la suciedad. Es una invención que ya tiene cinco mil años. Increíble, ¿no?

Unidad 2 El ambiente

ACTIVIDADES

1. Escucha con atención los anuncios y luego señala las alternativas posibles según lo que hayas entendido.

1 INMOBILIARIA SOLIMAR VENDE

CID

Viva en un lugar con piscina, parrillero y mucho más, dentro de un edificio cercado para que sus chicos jueguen y rían mientras usted descansa. Apartamentos, con pared empapelada, 4 habitaciones, calefacción central con baldosas importadas, 3 baños con mamparas de cristal blindado. Próximo a escuelas, comercios y parada de autobús. Precio total: 180.000,00 pesos. Proyecto en fase de conclusión. Previsión de entrega para principios del año que viene. Visite el apartamento terminado.

Vocabulario
Mamparas: boxes.
Mientras: enquanto.
Parrillero: churrasqueira.

2 INMOBILIARIA CIELO AZUL ALQUILA

POMPEU/STUDIO 47

Apartamento amueblado al frente, en el centro de la ciudad, cerca de la Intendencia. 3er piso, sin ascensor, 1 dormitorio con moqueta, baño con ducha e hydra, área de servicio y cocina/comedor. Garaje opcional. Aire acondicionado y teléfono incluidos. Sólo 300,00 pesos al mes.

Vocabulario
Hydra: válvula de descarga.
Intendencia: prefeitura.
Moqueta: carpete.

3 INMOBILIARIA VILLA NOBLE VENDE

CID

¡Imperdible! Casa en las afueras de Montevideo con 2 dormitorios amplios, salón comedor y cocina funcional necesitando de reparos, baño con bañera de mármol y ducha, salón en dos ambientes con hogar. Construcción mixta en madera y albañilería. Patio arbolado, cercado con muro alto, parrillero y lavandería en el fondo. Espacio para piscina, cancha deportiva y perrera. Tercer dueño. Precio total: 100.000,00 pesos. Aceptamos su coche o apartamento como parte del pago.

Vocabulario
Afueras: arredores.
Albañilería: alvenaria.
Cancha: quadra esportiva; cancha.
Hogar: lareira.

	Características	Anuncio 1	Anuncio 2	Anuncio 3
a	*Poco ruido*			
b	*Céntrico*			
c	*Muchas posibilidades de desplazamiento*			
d	*Buenas condiciones de pago*			
e	*Calidad del acabado de la obra*			
f	*Lejos del centro*			
g	*Listo para ocupar*			
h	*Ideal para familias con niños*			
i	*Para personas con coche*			
j	*Seguridad*			
k	*Construcción con problemas*			
l	*Posibilidad de ampliación*			
m	*Para quien no quiere gastar mucho*			
n	*Con ascensor*			
ñ	*Con teléfono*			

2. Ahora tú. Piensa en tu casa, en tu barrio, en todas las cosas positivas y negativas que hay y elabora un anuncio en el que vas a vender tu vivienda. Si quieres, puedes también hacer la planta para ilustrar mejor el texto.

3. Lee el texto y pon bajo las fotos los nombres correspondientes a viviendas.

La gente de hoy vive en el campo, en estancias, en palafitos, en pequeñas ciudades, o en grandes centros urbanos. En los pequeños centros, las casas cuentan generalmente con un jardín bien cuidado y un patio amplio. Ya en las metrópolis no hay tanto espacio disponible. Las personas viven en edificios con varias plantas, en departamentos no muy grandes y generalmente sin patio, con un jardín muy pequeño.

También se observan urbanizaciones con casas que presentan características más o menos semejantes: una fachada igual, con una o dos plantas solamente, poco espacio disponible para plantar flores y árboles. Esas urbanizaciones, en general, no están ubicadas en el centro, sino en barrios más alejados.

Pero en las grandes ciudades también hay los que no tienen condiciones de comprarse una casa o departamento y terminan por construir sus viviendas con restos de madera, plástico y otros materiales: son las chabolas.

Lo cierto es que la gente busca alternativas para vivir mejor. Los antiguos palacios se fueron sustituyendo por viviendas. Las casas de barrio, con sus hermosos jardines, de a poco cedieron paso a altísimos rascacielos de departamentos minúsculos en los que la gente se amontona y pelea por garantizar la tranquilidad en medio al bullicio y ajetreo de la vida urbana.

CID

CID

DELFIM MARTINS/PULSAR

DANIEL AUGUSTO JR./PULSAR

CID

CID

POMPEU/STUDIO 47

CID

CID

Rinconcito de la Risa

Susto

— ¡Ay! ¡Qué susto, profe! Un esqueleto de animal...
— ¡No es un esqueleto de animal! Es de una persona.
Rodolfo se sintió interesado y se acercó un poco más.
— ¿De veras? ¿Es cierto? Entonces, eso quiere decir que ¡sólo la carne se va al cielo!

Lo peor

— ¿Qué es peor que encontrar un gusano en una manzana?
— Encontrar medio gusano.

Actividad oral

¿Cómo es la casa donde vives?

FÍJATE

— ¿Cómo es la casa donde vives?
— Mi casa/piso tiene X habitaciones y X dormitorios.

— ¿Dónde está tu casa?
— Está [en el barrio X.
en el centro de la ciudad.
en un arrabal lejos/cerca de X.

— ¿Qué hay en tu casa?
— Mi casa (no) tiene (patio, jardín, garaje/cochera, piscina/pileta/alberca, balcón, árboles, animales...)

— ¿Dónde está tu departamento/piso?
— Está [en el tercer piso.
en la tercera planta.

USO DE NUMERALES ORDINALES

1.er	primer puente	→	1.ª	primera entrada
2.º	segundo edificio	→	2.ª	segunda casa
3.er	tercer colegio	→	3.ª	tercera escuela
4.º	cuarto autobús	→	4.ª	cuarta bicicleta
5.º	quinto árbol	→	5.ª	quinta calle
6.º	sexto piso	→	6.ª	sexta avenida
7.º	séptimo almacén	→	7.ª	séptima tienda
8.º	octavo año	→	8.ª	octava semana
9.º	noveno viaje	→	9.ª	novena vez
10.º	décimo día	→	10.ª	décima tarea

La obra

4. ¿A qué se relacionan los siguientes materiales? Une las palabras enumeradas a las columnas, teniendo en cuenta que podrá haber más de una respuesta para cada elemento.

1) paredes 3) suelo 5) cocina 7) parte eléctrica 9) seguridad

2) cimientos 4) baño 6) tejado 8) remolque 10) parte hidráulica

	baldosa		enchufe		portal
	teja		cerradura		sumidero
	ladrillo		hormigón		mampara
	cemento		grifo		agua
	arena		lámpara		candado
	cables		tinta		
	cañería/tubería		moqueta		

5. Busca el nombre de estos objetos y luego trata de agruparlos según las características de cada uno.

a) Cosas para cortar: ____________________

b) Cosas para fijar: ____________________

c) Cosas para mezclar: ____________________

d) Cosas para abrir agujeros: ____________________

e) Cosas para averiguar la rectitud: ____________________

f) Cosas para dar el acabado: ____________________

g) Cosas para desplazar otras cosas de un sitio a otro: ____________________

6. Ahora indica los profesionales que utilizan dichos objetos en su trabajo.

____

____

Actividad oral

Has cambiado de casa, pero los encargados de la mudanza han dejado tus cosas un poco desordenadas. Como van a volver dentro de un rato para arreglar todo, di en qué lugar debe quedarse lo que ahora está fuera de su sitio. Utiliza la estructura abajo y las palabras del recuadro para dar tu respuesta.

a la derecha	a la izquierda	al lado	delante	sobre	debajo de
entre	detrás de	en	dentro de	bajo el/la	encima de	abajo de

OBSERVA LA ESTRUCTURA

Hay que poner
- la blusa **dentro** del cajón.
- el plato **sobre** la mesa.
- los cubiertos **al lado** del vaso.
- las toallas **en** el baño.

7. Éste es Felipe. Felipe vivía antes en un apartamento y ahora ha cambiado con sus padres y sus dos hermanos a una casa. Compara las dos viviendas de Felipe y di lo que hay de diferente entre ellas. Apunta también las posibles ventajas y desventajas de su nuevo hogar respecto al antiguo.

Para ayudarte, observa estas estructuras:

Yo pienso que...

Yo creo que...

Me parece que...

Desafío

En las respuestas de estos enigmas tienes elementos relacionados a las viviendas, a la ciudad y su construcción. Piensa y los solucionarás.

1. Bajo la tierra me colocan,
   me empalman y me pegan,
   pero buenos sustos les doy.

2. Golpeo, golpeo, no para hacer sufrir
   clavo y clavo, los hago por construir.

Jueguito

Tira el dado y contesta a la pregunta que te toca.

Número mínimo de jugadores: 2

Material necesario: un dado y un botón o algo para poner en la casilla.

Como funciona el juego: cada jugador, por turno, tira el dado y mueve su pieza (botón u otra cosa) a la casilla correspondiente. Si, por ejemplo, está en la casa nº 7 y le cayó el nº 5, en el dado, tendrá, entonces, que contestar a la pregunta que allí se formula. En caso de caer en una casilla donde aparezca el signo de interrogación (¿?) , perderá la vez y el próximo jugador seguirá el partido.

Si no logra contestar, también pierde la vez. Gana el que llegue primero al fin de las casillas.

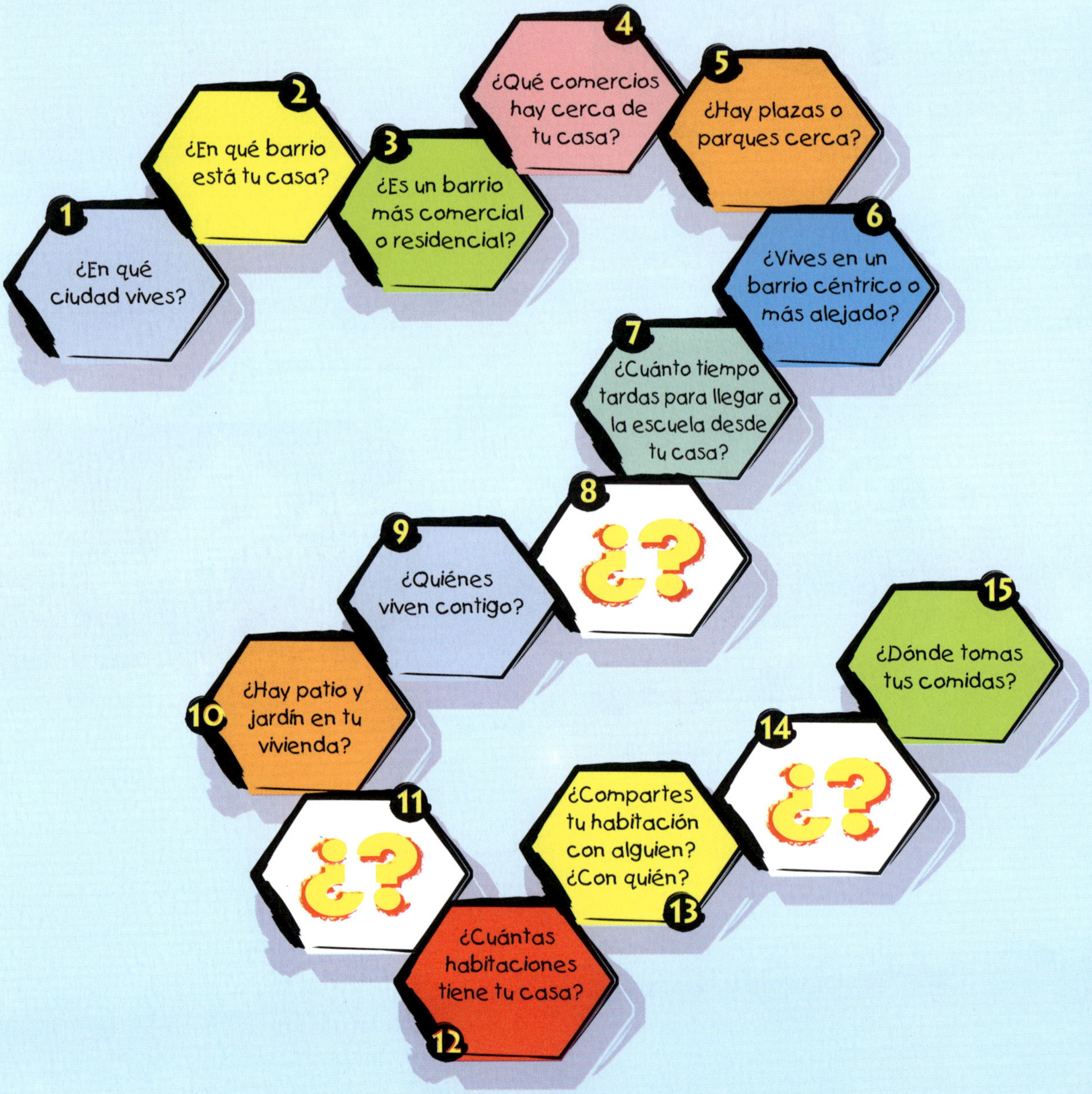

16. ¿Tienes alguna mascota? ¿Dónde la dejas?

17. ¿Dónde haces tus tareas escolares?

18. ¿?

19. ¿Qué haces para divertirte cuando estás en casa?

20. ¿Cuáles son las cosas buenas de tu barrio?

21. ¿Cuáles son las cosas malas de tu barrio?

22. ¿Qué más te gusta en tu casa?

23. ¿?

24. ¿Qué te gusta menos?

25. ¿Qué cosas mejorarías en tu casa?

26. Describe tu casa.

27. ¿?

28. ¿Desde hace cuándo vives en la actual casa?

29. ¿Te acuerdas de tu última casa? ¿Cómo era?

30. ¿Quieres cambiarte de casa? ¿Por qué?

31. ¿Cómo es la casa de tus sueños?

Escucha, completa y canta.

Eres como la rosa

Eres como la rosa de ____________

morena, ____________, de Alejandría.

Colorada ____________, ____________,

morena, salada, blanca de día.

Toda ____________ estoy

____________, pensando en ti.

Yo de amores ____________

desde que te vi

morena, salada,

desde que te vi.

____________ y delgada como tu ____________,

morena, salada, como tu madre.

____________ sea la rama que ____________ sale,

morena, salada, que al tronco ____________.

Toda la noche ____________

niña, ____________ en ti.

Yo de amores me muero

desde ____________

morena, salada,

desde que te vi.

Vocabulario
Colorada: vermelha.
Salada: graciosa.

Ventanita

Se cree que el árbol más viejo del mundo es un pino de California llamado Matusalén, cuya edad se calcula en 4.700 años.

El árbol más grande de la Tierra, la secuoya gigante General Sherman, también de California, pesa más de 6.167 toneladas, el equivalente de 41 ballenas azules o 740 elefantes. ¡Fantástico!

Hablando con gestos

Partiendo del alfabeto a continuación, elabora un pequeño mensaje en un trozo de papel y envíalo por medio de gestos a tus compañeros. Se podrá hacer esta tarea entre grupos. El destinatario de tu mensaje lo apuntará nuevamente y te lo leerá para que confirmes si está correcto o no*.

* La letra Ñ tiene su gesto convencionado en esta obra para posibilitar usarla en palabras con dicha letra.

Unidad 3 A diario

El tiempo

En esta unidad trataremos de las actividades cotidianas y de cómo ellas se reparten durante el día. Empezamos ahora llamando tu atención para el reloj. Observa cómo se dicen las horas en español. La información que sigue vale solamente para relojes con agujas, no para relojes digitales.

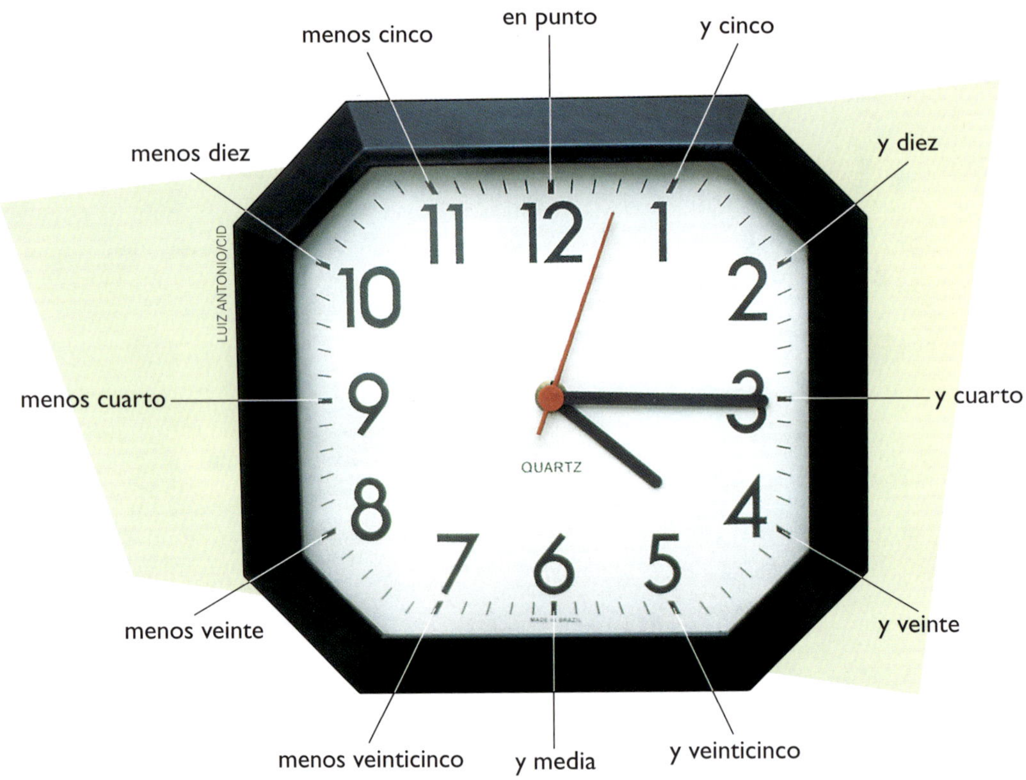

FÍJATE

Se dice la hora que va a completarse menos los minutos que faltan. Así, 8 horas y 40 minutos se dirá, por el sistema analógico (de los relojes con agujas o manillas), que son las nueve (hora que va a completarse) menos veinte (los minutos que faltan para completar las nueve). Ese sistema no es necesario cuando el reloj es digital (no tiene manillas o agujas).

ACTIVIDADES

1. Escucha la grabación y enumera las viñetas de acuerdo con la secuencia de las informaciones.

2. Escucha una vez más la grabación y pon en los paréntesis el número según la secuencia de las horas.

Pablo

a) (   ) 8:00
b) (   ) 7:30
c) (   ) 19:15
d) (   ) 7:50
e) (   ) 11:20
f) (   ) 7:00
g) (   ) 7:55
h) (   ) 10:30
i) (   ) 7:05
j) (   ) 9:30
k) (   ) 20:00

3. Relaciona las siguientes palabras al texto y a los grabados.

a) (   ) despertar
b) (   ) intermedio
c) (   ) aparcamiento
d) (   ) rutina
e) (   ) alegría
f) (   ) higiene
g) (   ) solución
h) (   ) presidencia
i) (   ) desayuno
j) (   ) atención
k) (   ) educación

Curiosidad

En tierras mayas de América Central existe el árbol de la zapotilla, que segrega un jugo pegajoso, que servía como pegamento y también como goma de mascar, que más tarde se llamó "chicle". Cuando creció el mercado de los mascadores de "chicle", los buscadores del árbol se lanzaron a la selva con sus machetes buscando la zapotilla. Muchos hallazgos arqueológicos se lograron aprovechando las brechas abiertas por los desmalezadores hábiles, deseosos de encontrar al "chicle", que estaba alí, "pegado a las ruinas".

Vocabulario
Desmalezadores: o que tira as ervas daninhas.

Actividad oral

A la secuencia encontrarás una tabla con muchos horarios. Trata de acordarte de lo que haces normalmente a esa hora. Si quieres, puedes utilizar las informaciones del recuadro.

a la una...	me acuesto
a las dos/tres/diez...	duermo
a esa hora...	me despierto
por la mañana...	me ducho
por la tarde...	desayuno
por la noche...	estudio
todos los días...	como
a veces...	veo televisión

nunca...	escucho música
siempre...	hablo por teléfono
jamás...	ayudo a mi madre/mis hermanos
los lunes/los martes/los miércoles/los jueves/los viernes/los sábados/los domingos	salgo de casa para...
	vuelvo a casa/a la escuela/al club
	voy al colegio/a casa de mis amigos
	juego

Rinconcito de la Risa

La aguja

— Mis alumnos, mañana les traeré caramelos si permanecen tan callados que se pueda oír el ruido de una aguja al caer.

Todos nos quedamos tranquilos. Durante cinco minutos enteros no se oyó ni un solo ruido. Pero después Irene no pudo aguantar más y le preguntó:

— ¿Cuándo va a caer la aguja, profe?

El 23

En una parada de autobús.

— Disculpe, ¿pasará por aquí el 23?

— No, lo siento. El 23 estaré en Bogotá.

4. Tu reloj ha parado de funcionar porque la pila estaba ya sin carga. Por eso has tenido que preguntar la hora a lo largo del día. Escucha las grabaciones, señala en cada reloj la hora exacta cuando te la informaron y luego escríbela por extenso.

a) 

Tienes que volver a casa.

____

____

d) 

Estás hace más de media hora esperando tu autobús.

____

____

b) Estás en clase y ya es casi la hora del recreo.

____

____

e) 

Te estás duchando hace veinte minutos.

____

____

c) Has dormido mucho y tu madre ha tenido que despertarte.

____

____

Observa las informaciones:

¿A qué hora te despiertas/te levantas/te acuestas/comes?
Yo me despierto/me levanto/me acuesto/como a la/a las...

¿Cuándo sueles estudiar/nadar/mirar la tele/jugar con tus amigos?
Yo suelo estudiar/nadar/mirar la tele/jugar con mis amigos a la/a las...

¿Dónde comes los domingos?
Yo como en mi casa/en un restaurante.

¿Con quién/quiénes comes?
Yo como con mi familia/mis amigos.

PRESENTE DE INDICATIVO

PERSONAS	Estudiar		Deber	
YO	estudi	**o**	deb	**o**
TÚ	estudi	**as**	deb	**es**
ÉL(ELLA)	estudi	**a**	deb	**e**
USTED	estudi	**a**	deb	**e**
NOSOTROS(AS)	estudi	**amos**	deb	**emos**
VOSOTROS(AS)	estudi	**áis**	deb	**éis**
ELLOS(AS)	estudi	**an**	deb	**en**
USTEDES	estudi	**an**	deb	**en**

PRESENTE DE INDICATIVO

PERSONAS	Partir		Levantarse		
YO	part	**o**	me	levant	**o**
TÚ	part	**es**	te	levant	**as**
ÉL(ELLA)	part	**e**	se	levant	**a**
USTED	part	**e**	se	levant	**a**
NOSOTROS(AS)	part	**imos**	nos	levant	**amos**
VOSOTROS(AS)	part	**ís**	os	levant	**áis**
ELLOS(AS)	part	**en**	se	levant	**an**
USTEDES	part	**en**	se	levant	**an**

Otros verbos que se conjugan de la misma manera:

— AR: amar, apagar, auxiliar, avisar, ayudar, bailar, borrar, bucear, callar, cantar, charlar, comprar, contestar, cruzar, desayunar, desear, entrar, esperar, explicar, ganar, guardar, limpiar, llegar, mandar, montar, nadar, pasear, pescar, pintar, practicar, preguntar, preparar, regalar, tomar, trabajar, visitar, arreglarse, ducharse, peinarse, pintarse...

— ER: aprender, beber, comer, comprender, correr, corresponder, creer, esconder, leer, meter, prometer, responder, romper, temer, vender...

— IR: abrir, asistir, batir, combatir, cubrir, cumplir, dividir, escribir, insistir, prohibir, recibir, repartir, resumir, subir, sufrir, vivir...

5. Manos a la obra. ¿Vamos a pensar un poquito? Consulta la lista de verbos que te dimos y también la tabla de conjugación y completa las frases.

a) Los jóvenes que ______________ deportes se ______________ de las drogas. (practicar — alejar)

b) Yo ______________ poco pero ______________ mucha leche. (comer — beber)

c) Tú ______________ a tus colegas en sus tareas y ellas te ______________. (ayudar — agradecer)

d) Eugenio y su hermano ______________ temprano y ______________ la sala. (llegar — limpiar)

e) Nosotros siempre ______________ a las ocho y comemos al mediodía. (desayunar)

f) Mis alumnos ya ______________ bien y ______________ cuando yo ______________ español. (leer — comprender — hablar)

g) Roberta y yo ______________ temprano y nunca nos ______________ en las clases. (salir — retrasar)

h) Los niños sólo ______________ la calle cuando el semáforo ______________ en verde. (cruzar — estar)

i) Vosotros ______________ siempre y ______________ las preguntas del profesor. (estudiar — responder)

j) Mi madrina ______________ en un hospital y ______________ a los enfermos. (trabajar — asistir)

k) Siempre ______________ al cariño de mis alumnos. (corresponder)

l) Los fines de semana unos ______________, otros ______________, pero yo ______________ mucho. (pescar — nadar — caminar)

m) Tú y Raúl siempre ______________ temprano, ______________ las ventanas y ______________ los pupitres. (venir — abrir — ordenar)

n) Pepa ______________, ______________ y ______________ ser actriz. (cantar — bailar — pretender)

ñ) Los payasos ______________ a todos y ______________ la tristeza. (alegrar — combatir)

Actividad oral

Pon atención en el anuncio que sigue. En él se trata de vender una cámara filmadora. ¿Cuál es el argumento que ofrece el texto para hacerlo? ¿De qué modo las imágenes del anuncio están relacionadas con el producto?

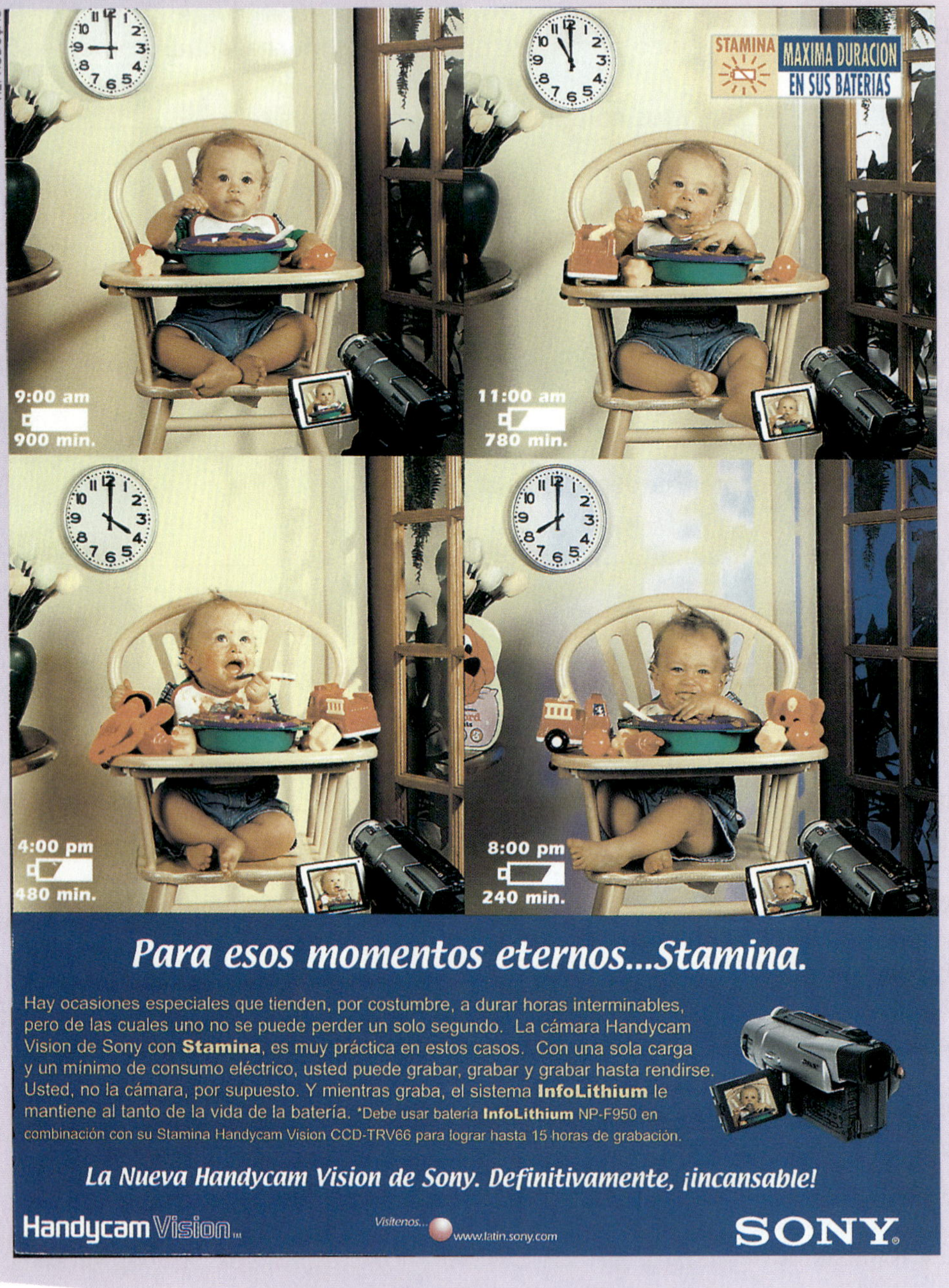

Jueguito

Y ahora un jueguito de atención. Piensa bien y resuélvelos.

Un hombre me dijo un día determinado: "Anteayer yo tenía 37 años y el próximo año cumpliré 40". ¿Cómo puede ser eso?

____

6. Observa con atención los grabados y escribe de qué hora a qué hora funcionan estos sitios.

JAY FREIS/THE IMAGE BANK/GETTY IMAGES

De/Desde A/Hasta

CID

De/Desde A/Hasta

CID

De/Desde A/Hasta

CID

De/Desde A/Hasta

CID

De/Desde A/Hasta

CID

De/Desde A/Hasta

7. Considerando las diferencias de horario entre los países, escribe el nombre de los países (los de color verde) que están en cada mapa y la hora en Brasil.

<table>
<tr><th>Horario de la ciudad</th><th>País a que pertenece</th><th>Diferencia de horario entre los dos países</th><th>Hora en Brasil</th></tr>
<tr><td>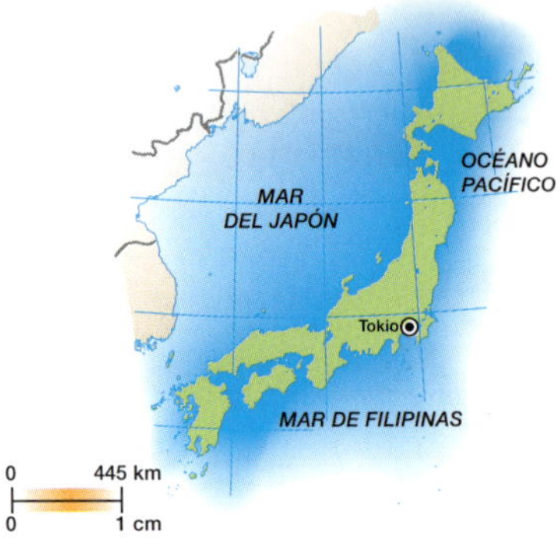

</td><td>__________</td><td>+12 h</td><td>__________</td></tr>
<tr><td>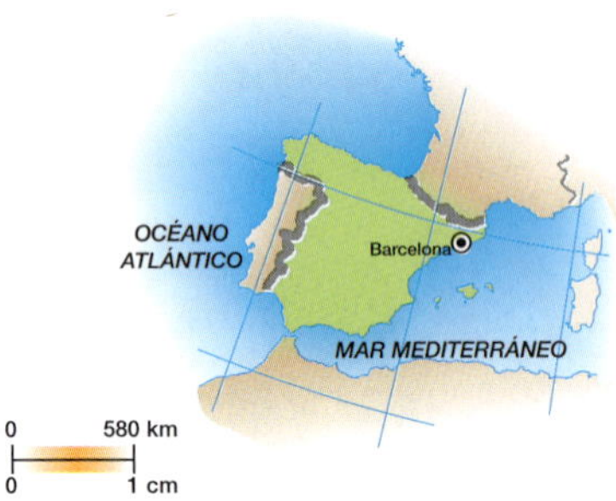

</td><td>__________</td><td>+4 h</td><td>__________</td></tr>
<tr><td>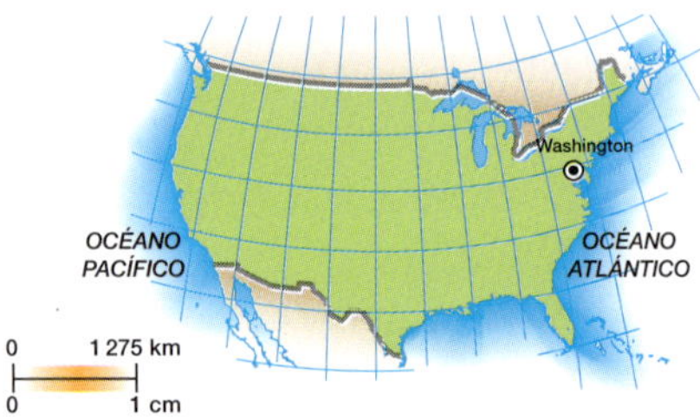

</td><td>__________</td><td>−7 h</td><td>__________</td></tr>
<tr><td>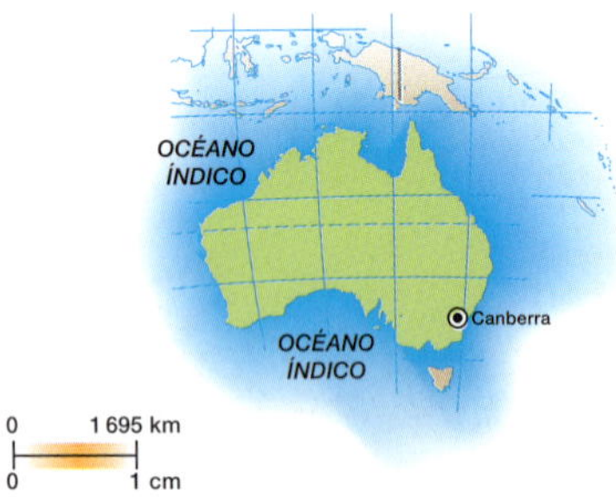

</td><td>__________</td><td>+12 h</td><td>__________</td></tr>
<tr><td>

</td><td>__________</td><td>−2 h</td><td>__________</td></tr>
</table>

Escucha, completa y canta.

Las mañanitas

Folklore mexicano

Éstas son las ____________
que cantaba el ____________ David
y ____________ como es día de tu santo
te las ____________ a ti.

Despierta, mi bien, ____________,
mira que ____________ amaneció.
Ya los ____________ cantan,
la Luna ya ____________.

Qué linda está ____________,
en que ____________ a saludarte,
____________ todos con gusto
y ____________ a ____________.

____________ en que tú naciste,
____________ todas las flores.
En ____________ del bautismo
cantaron los ____________.

Ya viene ____________,
ya la luz del día ____________.
____________ de mañana,
____________ que ya ____________.

Ventanita

El calendario gregoriano – de origen cristiano – se está imponiendo en todo el mundo. Pero también existen otros calendarios.

El año 2000 de los cristianos fue el año 5760 del año judío. Ese calendario parte de la creación del hombre, según los textos bíblicos. Su fin fue el 20 de septiembre; y se pasó al año 5761.

El año musulmán tenía 1.419 años. Su año cero coincide con el éxodo del profeta Mahoma de La Meca a Medina. Y el 6 de abril del año 2000 se pasó al año 1420.

El año tibetano se inicia con el nacimiento de Buda, que se fija en fechas distintas. Su fin de año del 2000 fue el 21 de marzo, con la llegada de la primavera, cuando el año tibetano llegó al año 2127.

El calendario chino se basa en ciclos de 12 años. El 5 de febrero de 2000 pasaron los chinos al Año del Dragón.

Los budistas entraron – en 2000 – en el año 2544. Su calendario se inicia con la muerte de Buda y su ascensión al Nirvana. El año cambia en la primavera.

Taco Calendario del Corazón de Jesús. Bilbao, España: Ediciones Mensajero, 2001.

Vocabulario
Pila de bautismo: pia de batismo.
Ruiseñores: rouxinóis.

Unidad 4 La ciudad

POMPEU/STUDIO 47

CID

La ciudad y el campo

Me gusta mucho acompañar a mamá cuando va a la ciudad por sus compras. El ómnibus nos llevó al centro. Cruzamos muchas calles, avenidas, plazas y un gran parque. Me entretuve mirando los altos edificios y las vidrieras de los comercios. Me aturdí un poco con el ruido de tantos ómnibus y coches. ¡Cuánta gente caminando por las aceras! Hay que poner mucho cuidado para cruzar las calles.

¡Qué tranquilo me pareció mi barrio cuando regresamos! ¡Y qué contraste con la visita que hicimos la semana pasada a los abuelos que viven en el campo! Viajamos tres horas en tren. El abuelo nos estaba esperando en la estación. Por la tarde lo acompañé hasta un potrero donde están arando con un tractor. Gaviotas revoloteaban los campos.

— Aquí sembraremos maíz – me dijo el abuelo. – Y en otros campos ya han brotado plantitas verdes y tiernas de trigo. Las frutas están madurando.

Al volver, visitamos los corrales y el gallinero. Jugué con un potrillo. Les di de comer a los pollitos y a seis lechoncitos.

Me ha encantado la belleza y la tranquilidad del campo y siempre me fascinan los paisajes majestuosos de la ciudad. Pero, más que todo, prefiero a mi hogar.

AMATO, Laura Castro de. Adaptado.

ACTIVIDADES

1. Y a ti ¿qué te gusta hacer en tu ciudad? ¿Qué paseos te gustan? ¿Con quién te gusta hacerlos? Escribe un texto y léelo después a tus compañeros.

____

____

____

____

____

____

____

____

____

____

2. Busca en el texto las palabras que significan:

vereda ____________

sementar ____________

volar haciendo giros ____________

escaparate ____________

domicilio ____________

nuevas ____________

entretenerse ____________

sosiego ____________

arrabal ____________

tiendas ____________

3. Escribe el nombre de los animales del texto relacionados a:

a) caballo ____________

b) gallo ____________

c) cochino/cerdo ____________

4. Presenta tres ventajas de la vida en la ciudad y tres ventajas de la vida en el campo

5. ¿Qué te gustaría cambiar en tu ciudad?

Actividad oral

Te proponemos una tarea agradable y curiosa. Pregunta a personas mayores de sesenta años cómo era la vida en las ciudades en su tiempo de jóvenes. Compara con las ciudades de hoy día.

6. Relaciona las palabras del texto a los grabados.

a) "cruzamos muchas calles..."

b) "... mirando los altos edificios..."

c) "... las vidrieras de los comercios..."

d) "... hasta un potrero..."

e) "... gaviotas revoloteaban..."

f) "... prefiero a mi hogar."

RANGEL

CID

CID

RANGEL

CID

CID

7. ¿Qué edificios y comercios importantes hay en las ciudades modernas y más grandes? A continuación hay una relación de palabras que responden a la pregunta. Escríbelo bajo cada foto, en la primera línea. ¿De acuerdo?

kiosco panadería carnicería supermercado centro comercial lencería juguetería heladería pescadería sastrería joyería ferretería estanco gomería farmacia hospital frutería cafetería floristería zapatería teatro librería restaurante

FOTOS:CID

FOTOS:CID

POMPEU/STUDIO 47

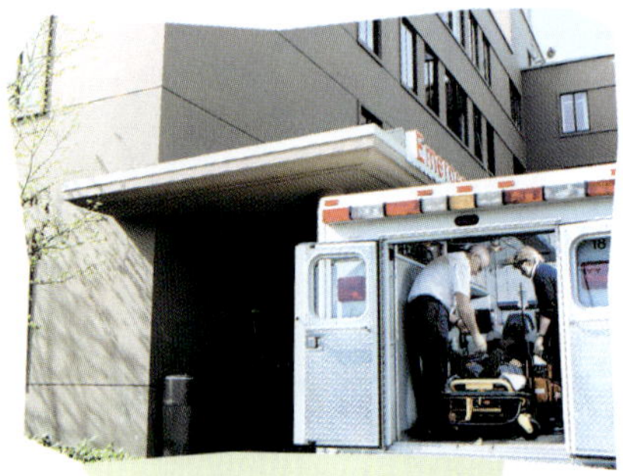

POMPEU/STUDIO 47

8. Vuelve a mirar las fotos y, en la segunda línea, escribe las palabras que con ellas se relacionan.

ropas frutas enfermos juguetes helados periódicos pescado ropas interiores medicinas carne sábanas cigarrillos pan libros neumáticos tornillos cortado tiendas géneros alimenticios joyas trajes masculinos flores zapatos ferretería representaciones teatrales libros comidas

9. Cuántos comercios importantes y distintos tiene una ciudad, ¿verdad? Relaciona los establecimientos ilustrados a las siguientes frases:

a) Mantiene los pies protegidos, sanos y elegantes.

____

b) En donde nacen los niños y en donde los enfermos se tratan.

____

c) Vende alimentos que están entre los más saludables y naturales.

____

d) Son especialistas en vender ropas interiores.

____

e) Vende el alimento más comido y conocido en el mundo.

____

f) Está entre los lugares más preferidos de los niños.

____

g) Se confeccionan y venden trajes masculinos.

____

h) Encontramos alimentos que vienen de mares y ríos.

____

i) Vende materiales para construcción y arreglos, tales como clavos, tornillos, herramientas, etc.

____

10. Escucha la grabación y apunta entre los paréntesis los números de los diálogos. Luego reescribe los dos diálogos, pero transformándolos en uno sólo.

( ) va de compras ( ) una señora y un chico

( ) madre e hija ( ) informándose

Desafío

Busca en tu diccionario seis sustantivos comunes con más de dos letras y que no utilicen las letras presentes en la palabra E S C U E L A.

____

____

Actividad oral

Practica con tu compañero situaciones de pedir y dar informaciones. Te presentamos algunas fórmulas para la comunicación.

PARA PEDIR UNA INFORMACIÓN

Perdone./Perdón, ¿dónde...?

Por favor, ¿dónde...?

PARA AGRADECER Y CONTESTAR

Gracias./Muchas gracias.

De nada./No hay de qué./Merecido.

PARA PREGUNTAR SOBRE UN LUGAR/UNA COSA

¿Cómo puedo ir a..?

¿Cómo voy a...?

¿Hay un(una)...?

¿Dónde está(hay)...?

¿Cómo se va de... a...?

¿Es ésta la calle...?

PARA CONTESTAR

Sí, hay un(una)... a...

Toma/Tome el metro/autobús... /Baja/Baje...

Sigue/Siga todo recto... Toma/Tome la primera a la izquierda/derecha...

Ven/Venga por... Ve/Vaya por...

11. Completa las frases con *hay*, *tiene*, *está*.

a) Esta librería ______________ gran variedad de diccionarios.

b) En esta biblioteca ______________ muchos libros raros.

c) En este súper el pescado siempre ______________ fresco.

d) ¡Qué pena! ¿No ______________ como ayudarlos?

e) Me encanta ver que entre ustedes ______________ tanto amor.

f) El equipo ______________ tranquilo pues no ______________ como perder el juego.

g) La escuela ______________ frente a la biblioteca.

h) En la escuela no ______________ lugar para la pereza.

i) Nuestro profesor siempre ______________ tiempo para orientarnos.

j) Este no ______________ nada que ver con lo que ______________ en el periódico.

12. Las cuatro personas que ves abajo tienen que ir a determinados sitios, pero necesitan auxilio para llegar a su destino. Escucha la grabación y, con un lápiz de color, señala el itinerario sugerido.

13. De acuerdo con lo que has escuchado en los diálogos y señalado en tu mapa, contesta, diciendo si son verdaderas (V) o falsas (F) las informaciones abajo.

Diálogo 1

a) ( ) El muchacho no sabía cómo llegar a su casa.

b) ( ) Para llegar al punto deseado, el niño tiene que cruzar las calles Independencia, San Andrés y Bella.

c) ( ) La Calle Santa Teresa está a la izquierda de la Plaza de los Libertadores.

d) ( ) El chico tiene que caminar seis cuadras y la plaza para llegar a su destino.

Diálogo 2

a) ( ) El muchacho está en la parte sur de la ciudad y el banco queda en la parte noroeste.

b) ( ) El muchacho tiene que caminar siete cuadras para llegar al banco por el camino indicado.

c) ( ) Para llegar a su destino por el camino indicado, el muchacho tiene que cruzar las calles Azul, Siete y Santa Teresa.

d) ( ) La Avenida Pedro Rubio es paralela a la Avenida del Sol.

Diálogo 3

a) ( ) La muchacha quiere volver a su casa por un camino más corto.

b) ( ) El guardia no sabe informarle la dirección solicitada.

c) ( ) El Hotel Pedro III está sólo a seis cuadras de allí.

d) ( ) La chica tiene que caminar cuatro cuadras y la plaza, antes de llegar al hotel.

Diálogo 4

a) ( ) El guardia no ha sabido dar la información.

b) ( ) Dos itinerarios han sido informados al muchacho.

c) ( ) El shopping queda en la parte sureste de la ciudad.

d) ( ) Las personas que han dado la información se ofrecieron para acompañar al muchacho.

e) ( ) El muchacho no quiso aceptar el ofrecimiento de las personas para acompañarlo.

Curiosidad

Hace muchos siglos, cuando los moros invadieron a España, la ciudad de Toledo fue sitiada y sus habitantes no tenían qué comer. Las monjas de un convento se acordaron de las almendras que tenían en un depósito. Las tomaron, las machacaron bien, hicieron una pasta y la metieron en el horno. Habían inventado el mazapán, alimento festivo consumido hasta nuestros días.

14. Mirando los itinerarios que has señalado en el mapa, explica oralmente el camino a recorrer en cada caso. Luego, vuelve a escuchar la grabación y confirma tus respuestas.

Fíjate en las expresiones siguientes:

- abajo
- adelante
- a la derecha
- a la izquierda
- aquí/ahí
- arriba
- cerca (de)
- (dar) la vuelta a
- delante de
- detrás de
- enfrente
- frente a
- junto a
- lejos (de)
- (todo) recto

15. Las expresiones del recuadro te podrán ayudar a elaborar un paseo por tu ciudad, en el cual serás el guía. ¿Vamos a intentarlo?

____

____

____

____

____

____

____

____

____

Te damos, a continuación, algunos verbos que utilizarás como guía.

	VERBOS		
PERSONAS	VENIR (de)	IR (a)	ESTAR
YO	vengo	voy	estoy
TÚ	vienes	vas	estás
ÉL(ELLA)	viene	va	está
USTED	viene	va	está
NOSOTROS(AS)	venimos	vamos	estamos
VOSOTROS(AS)	venís	vais	estáis
ELLOS(AS)	vienen	van	están
USTEDES	vienen	van	están

"—Vengo del colegio y voy al supermercado."

Pon atención en las frases abajo:

Vengo **del** colegio y voy **al** mercado.
Vengo **de los** museos y voy **a los** talleres.
Vengo **de la** playa y voy **a la** iglesia.
Vengo **de las** plazas y voy **a las** tiendas.
Me gusta hablar **de estos** lugares y **de esas** personas.

¿A qué conclusiones llegaste después de leer los ejemplos? Observa lo que viene destacado. Sí, es verdad: sólo **del** y **al** se escriben en una sola palabra. En los demás casos, siempre que tienes una preposición (a, de, en, por) y un artículo o demostrativo, será separado en español. Para que no tengas dudas, escribe en español la forma correspondiente al portugués.

PORTUGUÉS	ESPAÑOL
do	
da	
dos	
das	
no	
na	
nos	
nas	

PORTUGUÉS	ESPAÑOL
ao	
à	
aos	
às	
pelo	
pela	
pelos	
pelas	

PORTUGUÉS	ESPAÑOL
neste	
nesta	
nestes	
nestas	
desse	
dessa	
desses	
dessas	

PORTUGUÉS	ESPAÑOL
naquele	
naquela	
naqueles	
naquelas	
naquilo	
daquilo	
disso	
nisso	

Jueguito

del muy... pero...

Modelo: Era una niña muy linda, pero antipatiquísima.

a) Era un escritor muy famoso, pero ______.

b) Era una señora muy rica, pero ______.

c) Era un periodista muy competente, pero ______.

d) Era una calle muy pequeñita, pero ______.

e) Era un pintor muy creativo, pero ______.

f) Era una profesora muy querida, pero ______.

g) Era una casa muy grande, pero ______.

h) Era una finca muy productiva, pero ______.

i) Era una ciudad muy arbolada, pero ______.

16. Elabora pequeñas frases con los contenidos del recuadro anterior.

Modelos: La foto **del** libro ilustra las palabras **de la** profesora.
Faltando **de ese** modo, no llegarás **al** término **del** curso.
La casa **del** músico queda cerca **de la** biblioteca.
Con ese libro voy a ayudar **al** hijo **del** amigo de papá.

OBSERVA

SINGULAR	PLURAL	NEUTRO
Este mapa	Estos mapas	Esto es increíble.
Esta calle	Estas calles	Eso no me sirve.
Ese parque	Esos parques	Aquello te conviene.
Esa tienda	Esas tiendas	
Aquel coche	Aquellos coches	
Aquella flor	Aquellas flores	

17. Pasa ahora al plural las frases que escribiste en la actividad 16.

18. Escribe el nombre de cinco productos que puedes comprar en estos sitios.

Ventanita

FOTOS:CID

Harrod's

Nueva York

1. En 1902, en la tienda Harrod's de Londres se instaló la primera escalera mecánica de la historia. Las personas tenían miedo de desmayarse por el vértigo que ella producía.
2. En Japón está el túnel submarino más largo del mundo, el Seikan, con casi 54 kilómetros. ¡Qué obra de ingeniería!
3. Los cinco países con más extensos sistemas carreteros, en kilómetros, son EE.UU., con 6.261.160; India, con 2.009.600; Brasil, con 1.939.900; Francia, con 1.512.700 y Japón con 1.114.360. (*El País*. Uruguay, 2001)
4. El 53% de la superficie de la ciudad de Nueva York está cubierta de parques.

Rinconcito de la Risa

Las tres cosas

— ¡Miguelito! ¿Qué te gusta más en tu colegio?
— ¡Ay, profe! Es difícil. Me gustan tres cosas.
— Pues di cuáles son.
— ¡Los recreos, el timbre de la salida y las vacaciones!

Nombre raro

— Perdona, ¿cómo se llama esa plaza?
— ¿Cuál?
— ¿Y aquélla otra?

Unidad 5 PROFESIONALES

ACTIVIDADES

1. Aquí tienes representadas algunas profesiones, pero sus respectivos nombres en español no se encuentran completos. Con el auxilio de un diccionario, trata de completarlos.

Personas y oficios

A __ __ __ __

C __ __ __

A __ __ __ __ __ __

A __ __ __ __ __ __

A __ __ __ __ __ __ __ __ __

A __ __ __ __ __ __ __ c __ __

A __ __ __ __

B __ __ __ __ __ __ __

B __ __ __ __ __ __ __ __ __

C __ __ __ __ __ __ __

C ____________

C ____________

C ________________

C ______________

D ______________

PERFUMERÍA

D ____________________

E ______________________

CLIC!

F ________________

F ______________

I ________ i ______

J ________________

J ____________

____ ______________

J ______

M ____________

J __________

M _ _ _ _ _

M _ _ _ _ _

M _ _ _ _ _ _

P _ _ _ _ _ _ _ _ _

O _ _ _ _ _

P _ _ _ _ _

P _ _ _ _ _ _ _

P _ _ _ _ _ _ _

P _ _ _ _ _ _

R _ _ _ _ _ _ _ _ _

S _ _ _ _ _ _ _ _ _

S _ _ _ _ _

T _ _ _ _ _ _ _ _ _ _

V _ _ _ _ _ _ _ _ _ _

2. Pon atención en cada grupo abajo y escribe la relación que hay entre las palabras.

a) veterinario, médico, enfermero, dentista ______________________________

b) albañil, carpintero, arquitecto, ingeniero ______________________________

c) peluquero, barbero, podólogo, manicura ______________________________

d) panadero, carnicero, verdulero, cocinero ______________________________

e) plomero, electricista, gomero, mecánico ______________________________

f) conductor, piloto, maquinista, taxista ______________________________

g) sastre, modista, dependienta, zapatero ______________________________

Jueguito

Vas a tener un juego muy original: es una musica. Oye como se la canta y acompaña la letra.

Ser un buen profesional
es siempre fundamental.] bis

Soy capaz veterinario
curo hasta un canario.] bis

Soy chapista dedicado
dejo el coche renovado.] bis

Soy periodista famoso
y me llaman "Peligroso".] bis

Me dedico a la cocina
del chorizo a la gallina.] bis

OBSERVA

Lo que te vamos a enseñar ahora te ayudará a escribir.

Mi amiga está de cumpleaños.
Mi jardín está florido.
Mis tareas están listas.
Mis abuelos viven lejos.

El gato es **mío**.
Esa llave no es la **mía**.
Aquellos libros no son los **míos**.
Las alumnas son **mías**.

Elaborando la regla:

a) Se emplea MI o MIS ______________ de sustantivos masculinos o femeninos, observando si se encuentran en singular o plural.

b) Se utiliza MÍO, MÍA, MÍOS, MÍAS ______________ de sustantivos masculinos o femeninos y al ______________ de frases. Varían en número (______________ o ______________) y en género (______________ o ______________) de acuerdo con los sustantivos a que se refieren.

3. Escribe al lado de cada foto el nombre de los profesionales que trabajan en estos sitios.

FOTOS: CID

____

____

____

____

____

____

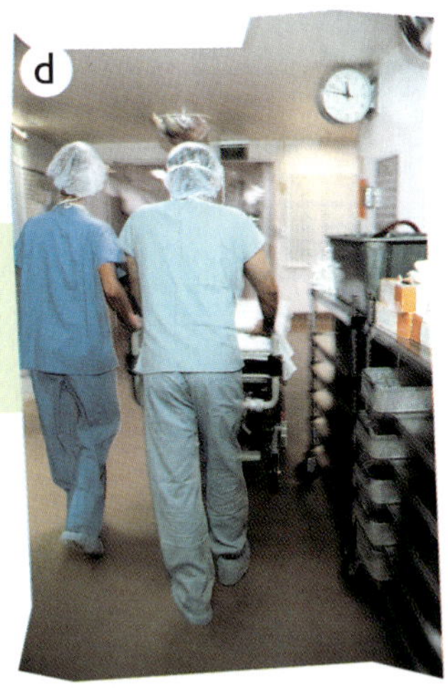

____

____

ROBERT DAEMMRICH/STONE-GETTY IMAGES

____

____

4. Escribe abajo las profesiones relacionadas a las acciones.

a) cortar ____________________

b) lavar ____________________

c) planchar ____________________

d) mezclar ____________________

e) trasladar ____________________

f) medir ____________________

g) enjuagar ____________________

h) empaquetar ____________________

i) escribir ____________________

j) pesar ____________________

PARA HABLAR UN POCO

Preguntas sobre trabajo

¿A qué te dedicas?
¿A qué se dedica usted?
¿Qué haces?
¿Qué hace usted?

Hago [casas. / ropas. / comidas típicas. / reportajes. / la carrera universitaria.

Respuestas

Soy (nombre de la profesión)...
Me dedico [a los estudios. / a la enseñanza de niños. / a la construcción de casas. / al arreglo de coches. / al comercio. / a la salud.

Preguntando sobre el lugar donde trabaja

¿Dónde trabajas?
¿Dónde trabaja usted?

Respuestas

Trabajo [en un restaurante. / en un banco. / en una tienda de ropas. / en una librería.

Proyecto de clase

De acuerdo con las figuras de la historieta, pon los posibles diálogos en las líneas bajo cada grabado.

5. Observa el anuncio y completa.

a) Nombre del producto: ____

b) Tipo de producto anunciado: ____________________________________

c) Público consumidor: ____

d) Eslogan e idea básica de venta: __________________________________

____

____

e) Modo como la idea básica de venta es mostrada: ________________________

____

____

f) ¿Serías llevado a comprar el producto? Justifícalo. ____________________________

____

6. ¿Te gustaría armar esta lectura? Será un ejercicio de creatividad. Vas a trabajar mucho con profesiones. Escucha la grabación y completa los huecos.

La familia de Bubi

Me llamo Urbano, pero soy conocido como Bubi.

Mi familia es ______________. Tengo ______________ tíos y ______________ primos. Entre todos, mi primo Toño es el más ______________.

Pienso que las profesiones influyen en la manera de ser y de pensar de las personas. Digo eso porque mi tío, el padre de Toño, por ejemplo, es ______________, profesión relacionada a la creatividad y belleza de las casas. El hijo, por su vez, es ______________ y sólo trabaja escuchando músicas de ______________ modernos.

Mi prima Raquel es ______________, campeona del equipo, y su ídolo es Guga. Tiene un ______________ que es ______________ y que incluso se ha vuelto ______________ pues se preocupa mucho con los animales en extinción. Él trabaja con un ______________, ya que los bichos tienen su alimentación natural y, si desaparecen ciertos ______________, se exterminarán también muchos representantes de la ______________.

Tres primas mías son profesionales que trabajan: una con la alimentación, otra con problemas de piel y otra con la belleza del hogar; son, respectivamente, ______________, ______________ y ______________. En sus ratos libres la primera es ______________ y conoce plantas ornamentales como cualquier ______________; la segunda es ______________ amadora; la última es ______________ y se inspira en lo que observa del mundo moderno con sus dramas, alegrías y desgracias.

En cuanto a mi familia, tengo mi padre, mi madre, dos hermanos y una hermana. ¡Ah! Nuestra abuela vive con nosotros, dirigiendo nuestro hogar y no hay mejor ______________. Para mi mamá es de maravilla porque tiene así más tiempo para su trabajo de profesional de la información y, como buena ______________, lo hace con pasión. Mi padre es ______________, mejor dicho, defensor en causas judiciales. Mi hermano Pascual se ocupa en investigar y preparar medicinas y, con su sueldo de ______________, vive confortablemente. El otro hermano, Nicolás, tiene futuro por ser un excelente ________________, trabajando para que las empresas tengan adeptos. Mi hermana Leonor, en su trabajo, vive más en el aire que en la tierra. Como ________________, es otra exitosa.

¡Ah! Hablé tanto en mi familia que me olvidé de mí. Me ocupo con sacarles el sufrimiento a las bocas humanas y, excepcionalmente, a las de animales. Como ________________, trabajo también con la vanidad humana.

Mi prometida, siendo ________________, trabaja indirectamente con la apariencia física, buscando la cura de enfermedades mentales.

Todo lo dicho comprueba el pensamiento de que el cuerpo es un reflejo de nuestra alma.

Juárez de León

Vocabulario
Hogar: lar.
Medicinas: remédios, medicamentos.
Prometida: noiva.
Ratos libres: momentos livres, de lazer.
Sueldo: salário.

Curiosidad

El adorno de plumas que llevan los indios de Norteamérica no es guerrero como se cree. Lucen esos vistosos tocados cuando se visten de gala para participar en las danzas y otras ceremonias de la tribu y así sería más apropiado llamarlos tocados de paz. Pero es importante aclarar que cada pluma y cada mechón de crines de caballo, en el extremo del tocado, es un emblema que representa alguna hazaña heroica y digna de conocerse, realizada por el portador. Es un hombre valiente y famoso en su tribu.

Jueguito

Éste es un juego de encuesta, pero deberás contestar a las cuestiones con una única palabra que empiece siempre con la misma letra que te tocó por sorteo.

¿Cómo te llamas? Me llamo **É**rico.
¿A qué te dedicas? Soy **E**scritor.
¿Dónde vives? Vivo en **E**uropa.

¿De dónde eres? Soy de **E**irunepé, Amazonas, Brasil.
¿Cuál es tu pasatiempo? **E**quitación.
¿Qué cosa no te gusta? **E**ngañar.

¿Qué admiras en las personas? **E**ducación.
¿Qué cosa le ayudaría al mundo? **E**ntereza.
Di el nombre de un animal. **E**lefante.
Di el nombre de una flor. **E**delweiss.
Di el nombre de una gran persona. **E**insten.

7. Con base en el texto, contesta las siguientes cuestiones.

a) ¿Qué comentario hace Urbano al inicio y cómo lo explicas?

____

____

____

____

____

b) Haz una relación de personas a quien conoces y sus profesiones. Cuantas más y más diferentes, mejor será.

____

____

____

____

____

c) ¿A qué se dedican los familiares de Urbano? Escribe al lado de cada nombre la profesión correspondiente.

Nombre	**Profesión**
Urbano	________________
padre de Urbano	________________
abuela de Urbano	________________
hermanos de Urbano	________________
Toño	________________
padre de Toño	________________
Raquel	________________
novio de Raquel	________________
colega del novio de Raquel	________________
Prima 1	________________
Prima 2	________________
Prima 3	________________

8. Completa las frases con los posesivos entre paréntesis, traduciéndolos al español.

a) ______________ trabajo es más original que el ______________. (teu – meu)

b) Estos hijos ______________ son más tranquilos que los ______________. (seus – nossos)

c) ¿Aquellos jóvenes son ______________ alumnos? Sí, son los ______________. (seus – meus)

d) Los libros no son ______________ ni ______________, son ______________. (teus – meus – nossos)

e) La casa ______________ y la ______________ son muy parecidas. (tua – minha)

f) ______________ casa es también ______________ y ______________ problemas son también ______________. (minha – tua – teus – meus)

g) Amo a ______________ país y todo lo ______________. (meu – seu)

h) ______________ familia es unida y el mérito es ______________. (vossa – vosso)

i) ______________ pelo es más bonito que el ______________ y el ______________. (seu – teu – meu)

j) No son ______________ estos mapas ni ______________: creo que son de ______________ profesora. (teus – meus – nossa)

9. Intenta escribir, con un compañero, un diálogo con profesiones. Será alegre, instrutivo y aprenderás, divertiéndote. Deberán dramatizarlo, ¿vale?

____

____

____

____

____

____

____

Rinconcito de la Risa

Violín

— ¿Cómo le van los estudios de violín a tu hijo?
— Le han pagado una beca para terminar sus estudios en Austria.
— ¿Quién? ¿El gobierno?
— No, los vecinos.

Fíjate en los siguientes verbos:

TIEMPO / PERSONAS	MODO INDICATIVO					
	PRESENTE		PRETÉRITO IMPERFECTO		FUTURO IMPERFECTO	
YO	enseñ	**o**	enseñ	**aba**	enseñ	**aré**
TÚ	camin	**as**	camin	**abas**	camin	**arás**
ÉL(ELLA)	compr	**a**	compr	**aba**	compr	**ará**
USTED	pein	**a**	pein	**aba**	pein	**ará**
NOSOTROS(AS)	cant	**amos**	cant	**ábamos**	cant	**aremos**
VOSOTROS(AS)	nad	**áis**	nad	**abais**	nad	**aréis**
ELLOS(AS)	pint	**an**	pint	**aban**	pint	**arán**
USTEDES	estudi	**an**	estudi	**aban**	estudi	**arán**

Hoy estudio por la mañana. Antes estudiaba por la tarde. El año que viene estudiaré por la mañana y por la tarde también.

Todos los días caminamos para llegar a la escuela. El año pasado caminábamos una cuadra solamente. El año que viene caminaremos unas tres cuadras.

Desafío

Iniciando con el verbo "enseñar", deberán seguir la secuencia, construyendo una frase en la cual emplean el verbo en los tres tiempos del recuadro.

En un segundo momento se escribe una frase con los tres tiempos verbales, pero eligiendo otros verbos distintos de los del recuadro.

Ventanita

1. Las profesiones que exigen que se camine más y el promedio de kilómetros caminados por año son: 1. oficial de policía = 2.626; 2. cartero = 1.699; 3. reportero de televisión = 1.622; 4. enfermera = 1.516; 5. médico = 1.352; 6. secretaria = 1.275; 7. ejecutivo RR.PP. = 1.072; 8. agente inmobiliario = 1.001. (El País. Uruguay, jun. 1999)
2. Según la Academia Francesa, se hablan en el mundo 2.796 lenguas. Sólo en África se hablan más de 700 lenguas.
3. ¿Ya has visto una palabra tan grande? En el País de Gales, en Europa, hay una estación de tren cuyo nombre es exactamente BLANFAIRPWLLGWYNGYLLGOGERYCHWYRNDROBWELLLANDYSILIOGOGOGOCH. ¡Vaya palabrita!

Unidad 6 LOS TRANSPORTES

ACTIVIDADES

1. Escucha la grabación y completa el texto.

Los transportes

FOTOS: CID

Durante ____________________ la especie humana, como los demás animales, utilizó la fuerza de los ____________________ para ____________________ de un sitio a otro.

Cuando aprendió a domesticar ____________________, el hombre descubrió que, transportado por ellos, vencería las ____________________ con ____________________. Muchos habitantes del planeta utilizan animales para transportar ____________________ y ____________________.

La ____________________ fue la segunda clase de energía empleada por los humanos para moverse. Las ________________ impulsadas por ________________ se utilizan hasta hoy, principalmente ________________.

La necesidad de transportes ________________ y ________________ fue solucionada con el surgimiento de vehículos movidos por la energía producida por los ________________. Esos vehículos se desplazan por ________________, ________________ y ________________ llevando a personas y cosas.

Los transportes modernos utilizan principalmente la energía obtenida de ________________ como el ____________, ____________ y ____________ .

Vocabulario
Desplazan: deslocam. **Empleada:** empregada. **Impulsadas:** impulsionadas.

2. Ahora completa la tabla.

Transporte	Medio en que se mueve	Energía obtenida por medio de
Buque	________________	________________
________________	________________	*Electricidad/Carbón*
________________	________________	*Gasolina/Diesel/Alcohol*
________________	*Aéreo*	________________
________________	________________	*Electricidad*
________________	________________	*Fuerza muscular*
________________	________________	*Fuerza animal*
________________	*Aéreo*	*Gasolina*

Curiosidad

La gran mayoría de las personas, de cualquier raza, situación socioeconómica, cultural y religiosa tiene sus talismanes, es decir, pequeños objetos a los cuales se les atribuye poderes especiales. ¿Qué objetos pueden ser esos talismanes? Pueden ser: medallas de santos, pequeñas imágenes, pata de conejo, trébol de cuatro hojas, semillas, flores, animalitos momificados. Según los sicólogos y estudiosos de la mente humana, los efectos positivos producidos por esos objetos son resultado más de la fuerza de la fe que propiamente de los objetos. A cada día, con los avances científicos, se presentan nuevas teorías.

3. Observa el anuncio abajo y contesta.

Versión		Potencia	Precio SX	Precio ELX
Multipla 1.6 16v	Gasolina	103 CV	2.445.000	2.660.000
Multipla JTD 105	Turbodiesel	105 CV	2.795.000	3.010.000

a) Producto anunciado: ______

b) Ventajas anunciadas: ______

______

______

c) Modelos ofrecidos: ______

d) Eslóganes publicitarios: ______

______

______

e) Explica cada uno de ellos. Exactamente, ¿a qué se refieren?

______

______

______

______

______

______

f) En tu opinión, ¿por qué aparece la figura de Michael Schumacher en el anuncio?

______

______

______

g) Por lo que ves en el anuncio, ¿comprarías el coche? ¿Por qué?

______

______

4. Abajo encontrarás un revolucionario medio de transporte. Elabora un anuncio publicitario en el que vas a presentar sus ventajas. Tu objetivo es convencer a posibles compradores.

______

______

______

______

______

______

5. Observa las situaciones abajo y escribe el nombre del medio de transporte que se puede utilizar en cada caso.

1.

2.

4.

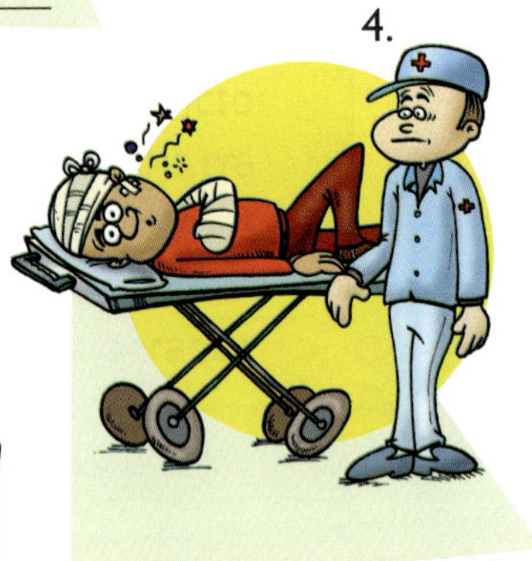

3.

5.

6. ¿Qué transportes presentan las características abajo?

a) Llevar a tan sólo una persona por vez. ____________________

b) Gastar mucho tiempo para desplazarse de un sitio a otro. ____________________

c) Gastar poco tiempo para el desplazamiento. ____________________

d) Puede acomodar a personas acostadas. ____________________

e) Gasta mucho combustible. ____________________

f) Es muy económico y no gasta casi nada de combustible. ____________________

g) No contamina en nada el ambiente. ____________________

h) El que más te gusta. ____________________

i) Los que utilizas a menudo. ____________________

j) Los que no te gusta utilizar. ____________________

FRASES PARA PEDIR INFORMACIÓN

¿Qué distancia hay entre... y... ?
¿Cuánto tiempo lleva de... hasta/a... ?
¿Cuánto se tardará hasta... ?
¿Por qué no vamos/vas/va a... ?
¿Tienes/Tiene/Tenemos un rato libre?
¿Ya estamos/estás de vuelta?
¿Puede indicarme cómo hago para llegar hasta/a... ?
Por favor, ¿hay tren/avión/barco para (lugar)?
Buenas tardes, ¿la carretera/calle para (lugar) es ésta?
Por favor, ¿qué vuelos hay este sábado a... ?
¿Qué precio tiene el billete para... ?

FRASES PARA CONTESTAR

Toma/Tome la calle/carretera y sigue/siga a unos X km/cuadras y encontrarás/encontrará...
Sí, señor(a), todo recto.
No señor(a), siga hasta el primer cruce y gire a la derecha/izquierda.
Tenemos un vuelo a/a las... horas.
(lugar) está a... km de... .
Ya estoy/estamos de vuelta.

7. Escribe la pregunta que cabe a las siguientes respuestas:

a) Entre la escuela y el zoo hay 10 kilómetros.

____

b) No, no. La carretera que busca está al final de esta calle, tomando la derecha.

____

c) Sigue por esta calle hasta el primer semáforo, toma la izquierda. Es la segunda calle a la derecha.

____

d) El billete sale 80 pesos en ómnibus y 140 pesos en avión.

____

e) Voy a tener un rato libre de las cuatro a las cinco de la tarde.

____

f) Para ir a la Isla de Pascua hay avión y barco que salen por la mañana.

____

Momento literario

Lee el texto con atención.

Nocturno de enero

Medianoche de enero. Bajo la luna llena,
voy andando descalzo por la espuma plateada
y tibia de mi playa.
Con los brazos desnudos y la cabeza al viento, cargo plácidamente mis útiles de pesca;
las cañas, los anzuelos, los corchos, la carnada,
una canasta vieja y un farol a la espalda...

Y sigo por la orilla con mis chismes a cuestas
cantando a voz en cuello,
feliz e inofensivo como un pájaro suelto.
Al lado de la luna y en un rincón del cielo,
una estrellita roja se ha asomado a mirarme.
Visto desde allá arriba, ¿qué seré para ella?
¿Un fruto extraordinario?
¿Una flor? ¿Un cangrejo?
¿Quizás un sapo negro, solterón y ceñudo?
¿O una vieja tortuga nocturna y gigantesca?
... Y me encuentro de risa bajo la luna llena.
Y es que con todos estos utensilios extraños,
que me dan un aspecto primitivo y feroz,
— Estrellita curiosa,
si vieras, en el fondo, ¡qué buen muchacho soy!

PINTOS, Carlos Rodríguez. In: CABRERA, María Gaso. *Páginas inquietas.*
Montevideo: Buenos Libros – Rosgal, 1991.

Carlos Rodríguez Pintos. Escritor uruguayo.

Contesta a las siguientes cuestiones, según el texto.

a) ¿A quién es comparado el poeta y por qué?

b) ¿Cómo es tratada la estrellita por el poeta?

c) Según el poeta, ¿con qué lo puede la estrellita comparar? ¿Por qué?

d) ¿En qué tipo de ciudad se podría desarrollar el poema?

____

e) ¿A qué hora del día podría ocurrir la escena?

____

f) ¿Cómo estaba cantando el poeta? ¿Qué indica eso?

____

g) ¿Qué lección de vida nos da el poema?

____

____

____

h) ¿Qué te ha llamado más la atención en el poema y por qué?

____

____

____

____

____

____

____

Jueguito

De esos nombres de objeto encontrarás medios de transportes si les sacas a cada uno de una a seis letras.

____

CAMIÓN

____

____

____

____

____

____

____

____

8. Fíjate en los diálogos.

Diálogo uno – Madre e hijo al llegar de la escuela

Carlitos: ¡Mamá! ¡Mamá! ¡Mami!

Madre: ¡Aquí estoy! ¿Qué pasó, Carlitos?

Carlitos: Mamá, quiero viajar.

Madre: ¡¿Qué?! ¿Cómo? ¿Viajar? ¿Adónde y con quién?

Carlitos: Es una excursión al Pantanal Matogrossense que nuestra escuela está organizando. Ay, mamá, quiero conocer al Pantanal. Va a ser muy divertido, pues todo mi grupo irá. ¿Puedo ir?

Madre: Bien, bien. Voy a hablar con tu padre, voy a hablar también con la directora de tu escuela y después decidimos. ¿Está bien así?

Carlitos: Sí, mami. De acuerdo.

Madre: Entonces, ven a comer que ya son las 12:30.

Diálogo dos – En la escuela, buscando informes

Madre: Buenas tardes. Soy Norma, la madre de Carlos Sobral. Quería hablar con la directora sobre una excursión al Pantanal.

Secretaria: Sólo un ratito, por favor. [...] Puede pasar, señora. La directora la espera.

Madre: ¿Permiso, señora directora?

Directora: Pase, doña Norma. Siéntese, por favor, y esté a gusto. ¿En qué puedo ayudarla?

Madre: Mi hijo llegó a casa hablando sobre una excursión. Quiere ir y vine a informarme, antes de darle una respuesta.

Directora: Le explico: los profesores de Historia, Geografía y Ciencias Biológicas organizaron esta excursión para que los alumnos conozcan las bellezas, la flora y la fauna del Pantanal. Quieren estimularlos a tener amor y respeto a la naturaleza.

Madre: ¡Muy interesante! ¿Quiénes los acompañarán?

Directora: Los tres profesores, el de Educación Física, una funcionaria de la biblioteca, una médica y la encargada del bar. Será un paseo de siete días, aprovechando los feriados de la Semana Santa.

Madre: ¡Perfecto! ¿Con quién hablo para tratar de todo?

Directora: Con la encargada del sector financiero.

Madre: Muchas gracias. Adiós, señora directora.

Directora: Adiós, doña Norma. ¡Qué le vaya bien!

Diálogo tres – Carlitos y su madre de vuelta de la escuela

Madre: Mi amor, todo listo. Irás al Pantanal.

Carlitos: ¡¡Yajú!! ¡Precioso! Gracias, mami. Es mi primer viaje de estudio. ¡Ay, qué bueno!

Madre: Ahora vas a bañarte y a comer, ¿sí?

Carlitos: Sí, sí, mami. ¡Ya voy!

Madre: ¡Mi hijo está tan feliz! ¡Qué bueno!

Diálogo cuatro – Mamá y papá, planeando viajar

Leo: Querida, tuve una idea: ¿por qué no vamos a conocer un poquito a Uruguay, a Argentina y a Paraguay en esta semana del viaje de Carlitos?

Norma: ¡Divino! Claro que sí, mi amor. Será muy bueno. Me gustaría mucho conocer las capitales y todo lo que podamos.

Leo: Está bien. Voy a providenciar todo. Llamo por teléfono a la empresa y podemos elegir el plan de viaje que nos guste más. ¿Combinado?

Norma: ¡Perfecto, querido!

9. Según el contenido de los diálogos, señala solamente los paréntesis correctos. En las letras que vas a señalar como correctas está el sentimiento que hay entre los padres y en las letras no señaladas está el sentimiento de Carlitos. Ordénalas y descubrirás.

( ) (E) Carlitos va de excursión al Nordeste brasileño.

( ) (R) La familia va a hacer un viaje ecológico.

( ) (R) El viaje al Pantanal es recreativo y para conocer animales, plantas y sus paisajes.

( ) (L) La madre quiere conocer a Buenos Aires, a Santiago y a Montevideo.

( ) (A) Los padres van a conocer a Asunción, a Montevideo y a Buenos Aires.

( ) (O) La mayor de las tres capitales es Buenos Aires.

( ) (A) Carlitos está feliz porque es su primer viaje de estudio.

( ) (C) Un equipo de cuatro profesores acompañará a los alumnos.

( ) (A) Un total de ocho personas acompañará al grupo de alumnos.

( ) (Ñ) Los profesores van a acompañar y a orientar a los alumnos.

( ) (I) Los profesores van como acompañantes del grupo de alumnos.

( ) (G) La madre fue al colegio porque estaba preocupada.

( ) (I) Será una excursión ecológica y recreativa.

10. Escucha los siguientes diálogos e identifica los diferentes medios de transporte.

____

____

____

____

Escucha y canta.

Con el vito

Folklore español

Con el vito, vito, vito
con el vito, vito vao
no me mires, a la cara
que me pongo colorao
No me mires...

Una niña fue a Sevilla
fue a Sevilla a ver los toros,
y en el medio del camino
la cautivaron los moros.
y en el medio...

Me acerqué de un pino verde
Pa ver si me consolaba
Y el pino como era verde
Por verme llorar, lloraba

Con el vito...

11. Consulta el mapa y clasifica las frases, señalando la columna correspondiente: V para las verdaderas y F para las falsas. Ordenando las letras de la columna V tendrás los nombres de dos capitales, y con las de la columna F, los nombres de dos países.

V	F	
C	*U*	*Venezuela hace frontera con Brasil, Colombia y Guayana Francesa.*
U	*I*	*Argentina es el segundo mayor país de Sudamérica.*
N	*R*	*Argentina limita con Brasil, Uruguay, Paraguay y Perú.*
N	*H*	*América Central limita con Sudamérica por Venezuela.*
O	*T*	*Ecuador y Chile no limitan con Brasil.*
Q	*H*	*Nicaragua está entre Honduras y Costa Rica.*
A	*N*	*Toda América Central es más grande que Argentina.*
T	*I*	*Haití y República Dominicana son dos países formando una isla.*
I	*A*	*Perú es mayor que Venezuela.*
S	*S*	*Bolivia es mayor que Uruguay y que Perú.*
I	*O*	*Países que limitan América Central con Sudamérica son Panamá y Venezuela.*
U	*A*	*Guatemala, Panamá, México y El Salvador son países cuyas capitales tienen el mismo nombre del país.*
O	*D*	*Chile hace límite sólo con Argentina y Bolivia.*

Ventanita

1. El aeropuerto más congestionado del mundo es el London Heathrow, de Londres, con un número aproximado de 44.262.000 pasajeros al año.
2. El Boeing 747, una de las aeronaves para pasajeros más grandes del mundo, puede transportar a 550 personas.
3. El más grande hotel del mundo es el MGM Grand, con 4 torres de 30 pisos, 5.005 habitaciones y un león dorado de 45 toneladas a su entrada.
4. El primer automóvil tenía tres ruedas y fue fabricado por el ingeniero alemán Karl Benz, en 1885.

Cómo llevarse a los niños en el auto
Recomendaciones

CID

1. Prohibir que los niños mayores viajen de pie entre los asientos delanteros.
2. Si el auto tiene *air bag* en el asiento delantero, la sillita del niño debe instalarse en el de atrás, porque el sistema *air bag* no es adecuado para él y puede apretarlo.
3. El asiento trasero del auto es el punto más distante en caso de un choque delantero y, por lo tanto, el más seguro para transportar a un niño.
4. Para que el niño pueda empezar a usar el cinturón de seguridad del auto, éste tiene que adecuarse a su cuerpo. El cinturón cruzado debe pasar por delante del hombro y no del cuello o de la garganta, y el cinturón recto debe ser bajo y cruzar sobre los muslos, no sobre el estómago.
5. Algunos asientos infantiles son adecuados también para viajar en avión. Conviene consultar con la compañía aérea si se adapta a sus asientos.
6. Jamás un bebé debe ser transportado en brazos en un auto en movimiento. Si el auto se desplaza a 40 km por hora y choca, un bebé de 5 kilos representará una fuerza equivalente a 100 kilos en brazos de quien lo sujeta.

Padres/Madres & Hijos. Uruguay, jul. 2000. Adaptado.

Unidad 7 Los deportes y el cuerpo

ACTIVIDADES

FOTOS: CID

1. Lee el texto con atención.

¿Cuál es el deporte ideal?

La natación es como un tratamiento médico compacto. No tiene límite de edad, no hay zona del cuerpo que requiera especial atención por posibles lesiones y sus ventajas físicas son incontables: aumenta la resistencia respiratoria (aeróbica), mantiene el peso, estimula la coordinación y la movilidad y acondiciona el aparato cardiovascular. Pero nadar, por sí sólo, no crea un cuerpo perfecto. Es necesario completar la práctica con ejercicios aeróbicos y otros de musculación y elongación.

El aerobismo no puede ser practicado por personas con enfermedades cardiovasculares, además de que puede traer lesiones en las rodillas, columna o tobillos (por lo cual es imprescindible un buen calzado y elegir superficies llanas).

En el segundo puesto del *ranking* de deportes está el remo. En ese deporte los accidentes son rarísimos. La coordinación, el desarrollo de la fuerza y de la masa muscular son sus puntos altos. Sus puntos débiles son: los hombros y la columna a la altura de la cadera.

El atletismo en general se ubica en la tercera posición. ¿Y el fútbol? En la clasificación general ocupa el puesto 28. Es un deporte cuya práctica presenta alta frecuencia de accidentes. Son corrientes entre los deportistas que lo practican los desgarros, esguinces y distensiones de ligamentos o varios golpes en las rodillas y tobillos.

El tenis está mejor posicionado gracias a su excelente aptitud para mejorar la coordinación y su baja frecuencia de accidentes.

El *golf*, previsiblemente, es el deporte más seguro.

El *karate*, sorpresivamente, es uno de los ejercicios de más bajo riesgo, debido a la práctica controlada de los movimientos, esto tomando en cuenta que los golpes se realicen de modo simulado.

De otra parte, las artes marciales pasan a formar parte de las actividades más peligrosas, como el boxeo.

Pero si se trata de deportes riesgosos, los que ponen en vilo la propia vida del deportista cada vez que se coloca la indumentaria son: paracaidismo, *snowboard*, ala delta, buceo y parapente en orden de peligrosidad. Todos son muy hermosos de ver, pero nada aconsejables de realizar.

En un escalón menos peligroso está el *rafting*, el esquí, el kayak y el alpinismo. El esquiador, en particular, no suele accidentarse más que quien patina sobre hielo, practica baloncesto o monta en bicicleta.

Conclusión: el deporte ideal debe ser la suma de varias actividades complementarias. Los resultados siempre dependerán, en última instancia, del esfuerzo y de la convicción que se pongan en el ejercicio.

Revista *Conozca Más*. Argentina, 1996, nº 95. Adaptado.

Vocabulario
Desgarros: rupturas.
Elongación: alongamento.
Esguinces: distensões.
***Ranking*:** lista.
***Snowboard*:** esporte em que se desliza na neve com uma prancha pequena, do tamanho de um *skate*.
Ventajas: vantagens.

a) ¿Cuál es el asunto del texto?

____

b) ¿Cuál es el criterio adoptado para definir el deporte ideal?

____

c) Por orden, ¿cuáles son los deportes menos peligrosos presentados en el texto?

____

d) ¿Cuáles son los deportes apuntados como siendo los más peligrosos?

____

____

e) Según el texto, ¿cómo está clasificada la natación?

____

____

2. Observa los grabados y escribe los nombres de los deportes que ejercitan más específicamente las partes del cuerpo señaladas.

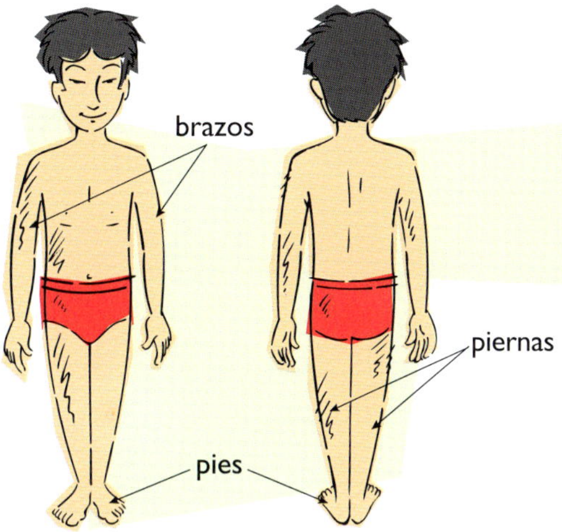

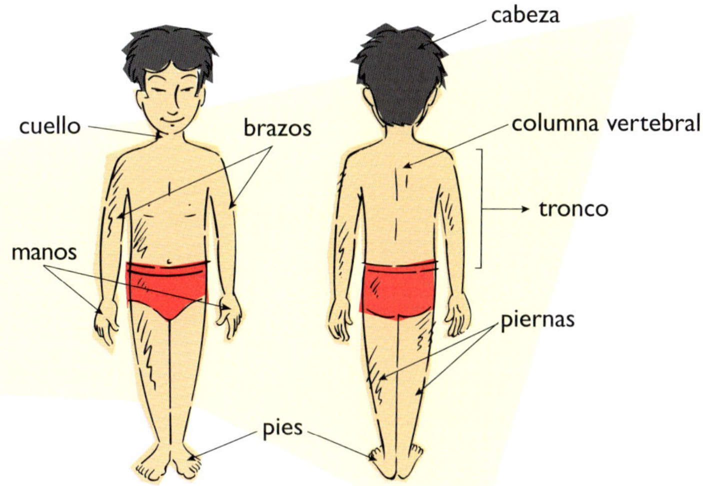

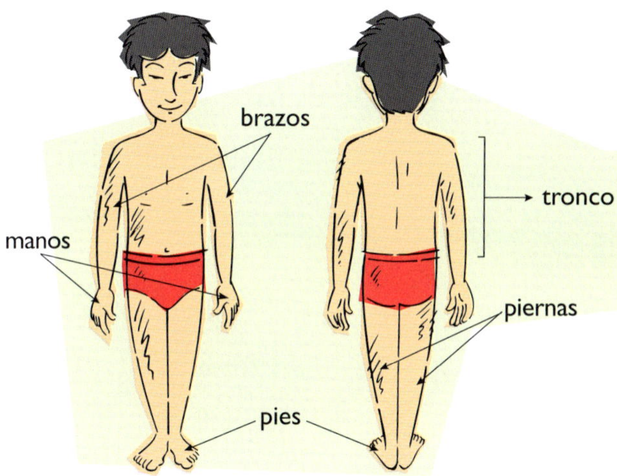

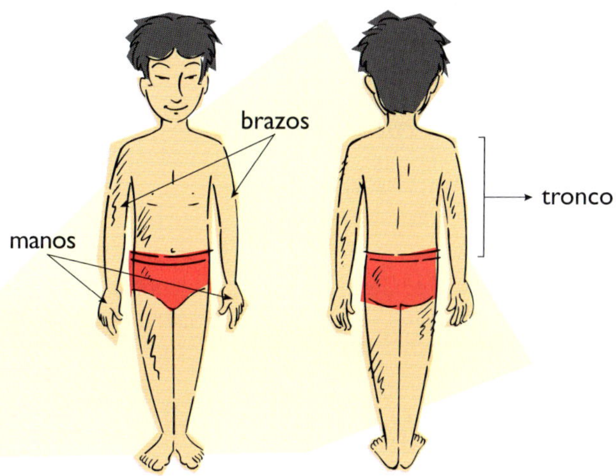

3. Escucha la grabación y completa los datos de la tabla.

	Edad	Deporte o práctica deportiva
a	*2 a 3 años*	
b	*3 a 5 años*	
c	*6 a 7 años*	
d	*8 a 9 años*	
e	*10 a 11 años*	
f	*desde los 12 años*	

CURIOSIDAD DEPORTIVA

¿Sabes cuál es el tipo ideal de zapatilla para cada práctica deportiva?
Antes de todo, hay que identificar tu tipo de pie.
¿Cuál de los tres tipos es el tuyo?

Cuestión de planta

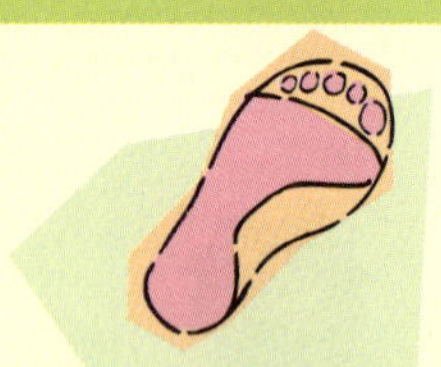

Normal

Cuando el talón inicia el contacto, el pie se encoge hacia adentro, amortigua el choque, se apoya y se despliega. El calzado ideal requiere estabilidad lateral y muy buenas suelas.

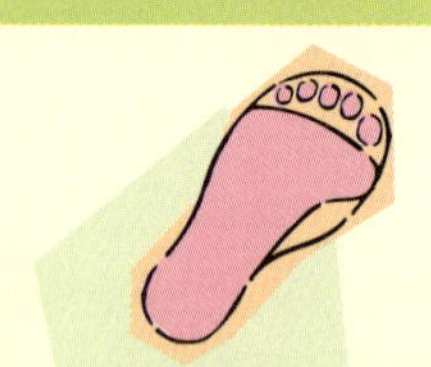

Plano

Si los músculos son laxos, el arco se abate, no sustenta bien y coarta el despliegue del pie. Un mal calzado, sin plantillas muy sólidas y estabilidad lateral extra, producirá lesiones.

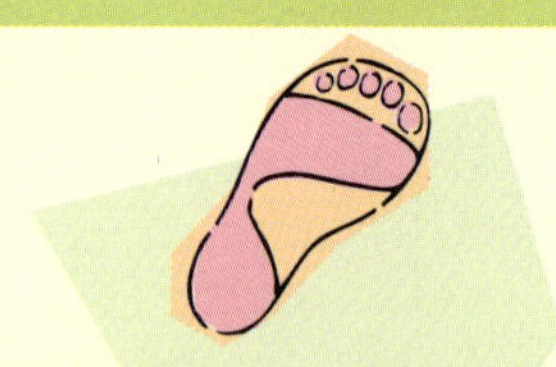

Cavo

El pie sólo se apoya en la parte anterior y posterior y carece de base. No dobla bien sin la protección natural frente al impacto. El calzado exige flexibilidad y amortiguamiento.

Vocabulario
Amortigua: amortece.
Cavo: cóncavo.
Coarta: impede.
Despliega: estende.
Lax: frouxo.
Plantillas: palmilhas.
Talón: calcanhar.

El tipo adecuado para cada especialidad

FOTOS: POMPEU/STUDIO 47

Fútbol

De cuero resistente a la humedad y transpirable. Horma anatómica. Puntera, taco y laterales reforzados. Lengüeta alta protectora del empeine que tira. Suela con tapones afianzables en blando.

Tenis

De materiales muy transpirables, flexibles y reforzados. Plantilla superfirme. Suela de estabilidad superior, con cámara de aire para amortiguar saltos y caídas. Tacos sin elevación. Puntera flexible.

Atletismo

Superlivianas y con rejillas transpirables. Suela de tacos claveteados, adherente al terreno. Media suela flexible y taco almohadillado. Holgura de 15 mm para los dedos. Plantilla adaptada a la presión.

Running

Materiales porosos en la capellada que permiten la ventilación. Plantilla y entresuela de E.V.A. termoformada (con sistema C-Cap). La suela es de goma compacta de alta resistencia.

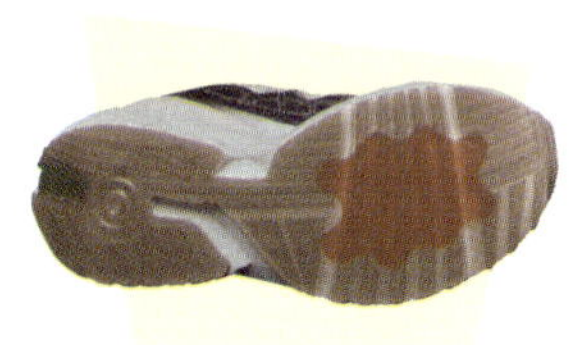

Squash

De materiales muy transpirables. Suelas antideslizantes. Plantilla y amplia puntera amortiguadora. Paragolpes pulidos en punteras y talones. Refuerzos externos en tacos y laterales.

Crosstraining

De alta *performance* y gran estabilidad. Desarrolladas para todo tipo de superficies. Hay modelos que cuentan con las tecnologías ACS y FOM desarrolladas recientemente.

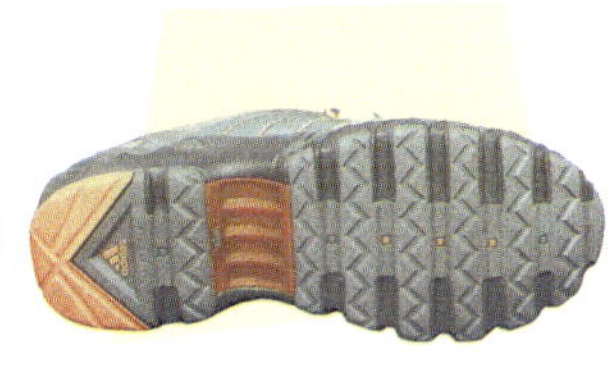

Revista *Muy interesante*. dic. 1996, n. 134, p. 60.

Vocabulario

Almohadillado: almofadado.
Claveteados: pregados, fixados por meio de pinos ou pregos.
Empline: peito do pé.
Horma: fôrma.
Rejillas: redinhas.
Tacos: saltos.
Tapones: tampas.
Capellada: ponteira ou "peito" do sapato.

PARA PEDIR, ORDENAR

Imperativo Afirmativo

	Verbos					
Personas	**Cantar**		**Beber**		**Partir**	
Tú	cant	a	beb	e	part	e
Usted	cant	e	beb	a	part	a

Imperativo Negativo

	Verbos					
Personas	**Cantar**		**Beber**		**Partir**	
Tú	no cant	es	no beb	as	no part	as
Usted	no cant	e	no beb	a	no part	a

4. Abajo encontrarás algunas sugerencias para enfrentarte algunos problemas cotidianos. Con el auxilio de las tablas, haz lo que se te pide.

Diez reglas para saber cuidar tu cuerpo

CID

1. Adoptar una dieta lo más variada posible, sin abusar de ningún alimento. Debe ser alta en fibra, moderada en proteínas y baja en grasas, azúcar y sal.
2. Facilitar el reposo físico y mental. La receta sería escuchar al cuerpo cuando éste necesita descansar y dormir.
3. Respetar los mecanismos de eliminación del organismo. No cortar el sudor si hay fiebre, ni la expectoración en los trastornos pulmonares, o los vómitos en los digestivos.
4. Combatir el sedentarismo, especialmente con ejercicios donde participe todo el cuerpo. El yoga o el tai-chi son excelentes para personas mayores, nerviosas o estresadas.
5. Mantenerse en contacto con los agentes naturales. Aire libre, sol, agua y tierra. Cuanto menos ropa, mejor.
6. Cuidar la higiene corporal. La limpieza diaria de la piel es imprescindible; pero ¡ojo a los excesos con jabones y detergentes!
7. Aprender a respirar correctamente. Con técnicas de relajación (Schultz, Jacobson) o yoga.
8. Desterrar la costumbre de automedicarse.
9. Relacionarse con los demás y gozar de una sexualidad sana.
10. Fomentar la higiene mental. Es importante que procuremos disponer de momentos de soledad y silencio para escucharnos a nosotros mismos.

a) Circula en el texto todos los verbos que dan idea de pedido u orden.

b) Pasa los verbos circulados antes al imperativo afirmativo utilizando la 2ª persona (tú) y la 3ª (Ud.).

____

____

____

____

____

____

____

____

____

____

____

____

____

____

c) Oralmente, vuelve a leer el texto, poniendo los verbos circulados en el imperativo negativo (tú o usted).

Rinconcito de la Risa

Suerte

— ¡Caramba, Pepe! ¡Te has comprado un coche nuevo!

— Pues sí. Gracias a las quinielas. Durante dos años, todas las noches soñé con una voz que me decía: 6 X 8... 6 X 8... 6 X 8. Entonces me decidí. Fui a la agencia, jugué al 51 ¡y gané! Tienes que saber como yo, Juan, la tabla de multiplicar.

Curiosidad

La Piñata es una costumbre festiva en México. Presente en las fiestas de cumpleaños y en Navidad, la piñata es una especie de olla de papel colgada de un hilo y llena de frutas, dulces, confites y regalitos. De a uno, con los ojos vendados y armados con un palo, todos los chicos van intentando romperla, hasta que un buen golpe hace caer el relleno sobre todos. En las fiestas de cumpleaños, sólo el homenajeado puede romperla.

Ventanita

Luchadores griegos

En Grecia antigua se enseñaba en un sitio especial llamado palestra, un terreno a cielo abierto de forma cuadrada y rodeado por muros. A un costado había cuartos abiertos que hacían de vestuarios, salas de reposo con bancos, baños y depósitos. Los alumnos más jóvenes tenían ocho años. El maestro iba cubierto con un manto púrpura y vigilaba el estricto cumplimiento de los ejercicios. La lucha era la máxima demostración de vigor y los luchadores peleaban desnudos.

Los ganadores eran considerados héroes nacionales.

El País. Uruguay, 2001.

GIANNI DAGLI ORTI/CORBIS-STOCK PHOTOS

Copa creada por los Epictetos, 502 a.C. Detalles.

Escucha, canta y comenta las dos últimas estrofas.

La cucaracha

Folklore mexicano

La cucaracha, la cucaracha,
ya no puede caminar,
porque le falta, porque no tiene,
las dos patitas de atrás.
La cucaracha...

Cuando uno quiere a una
Y esta una no lo quiere,
es lo mismo que si un calvo
en la calle encuentra un peine.
La cucaracha...

Las mocitas son de oro,
las casadas son de plata,
las viudas son de cobre
y las viejas de hojalata.
La cucaracha...

Jueguito

Las amigas

Ada, Carmen y Beatriz son tres amigas. Una es cirujana, otra es abogada y la otra música, aunque no necesariamente en ese orden. Se sabe que a Carmen nunca le agradó la música; la habilidad que tiene Ada con las manos es comparable a la de un relojero.

¿Qué ocupación tiene cada una?

Unidad 8 METEOROLOGÍA

ACTIVIDADES

1. Escucha el pronóstico de la meteorología para el día de hoy en Sudamérica y pon en el mapa el número correspondiente al código que representa el tiempo de cada país.

1 

2 

3 

4 

5 

6 

7 

8 

9 

2. Piensa ahora en los pronósticos anteriores y di cómo te arreglarías para salir a la calle en estos países: Brasil (norte), Uruguay, Paraguay, Colombia y Chile. Para ayudarte, en las imágenes algunas pistas.

Rinconcito de la Risa

El té

— ¡Mozo! Tráigame un té sin leche.
— Lo siento. No tenemos leche, ¿qué le parece un té sin crema?

Paella

— ¡Mamá, qué buena está la paella!
— Pues repite, hijo, repite.
— ¡Mamá, mamá, qué qué buena buena está está la paella la paella!

Curiosidad

La Tierra tiene el hemisferio norte y el sur cortados por la línea del Ecuador. Una de las mayores diferencias entre los dos hemisferios es la temperatura. Cuando es invierno en el hemisferio norte, es verano en el sur y viceversa. Éste es el motivo por el cual es invierno en Brasil cuando es verano en Europa y viceversa.

PERSONAS / VERBOS	FUTURO DE INDICATIVO			PERÍFRASIS VERBAL
	-AR	-ER	-IR	IR + A + INFINITIVO
YO	encontraré	veré	partiré	voy a comprar
TÚ	encontrarás	verás	partirás	vas a hablar
ÉL(ELLA)	encontrará	verá	partirá	va a invitar
USTED	encontrará	verá	partirá	va a conocer
NOSOTROS(AS)	encontraremos	veremos	partiremos	vamos a comer
VOSOTROS(AS)	encontraréis	veréis	partiréis	vais a saber
ELLOS(AS)	encontrarán	verán	partirán	van a salir
USTEDES	encontrarán	verán	partirán	van a descubrir

Perífrasis verbales o **frases verbales** en español son muy variadas y básicamente consisten en la unión de un verbo auxiliar y otro verbo en infinitivo, gerundio o participio. Cuando el segundo elemento está en el infinitivo y el verbo IR funciona como auxiliar, va acompañado de la preposición **A**, como lo ejemplifica el recuadro arriba. Las perífrasis verbales son muy usadas en español.

3. Completa las frases con los verbos entre paréntesis en el futuro de indicativo o con la perífrasis verbal.

a) Mañana ____________________ (partir) hacia París donde (nosotros) ____________________ (tener) un curso de meteorología.

b) (Vosotros) ____________________ (aprovechar) el tiempo libre y ____________________ (practicar) algún deporte, lo que sólo ____________________ (ayudar) vuestra salud.

c) Para la fiesta de la escuela, ____________________ (utilizar) pinturas y todo tipo de decoración que los propios alumnos ____________________ (idealizar) y ____________________ (elaborar).

d) (Yo) ____________________ (comprar) un lindo regalo para el cumple de mi hermano, que ____________________ (ser) mañana.

e) (Yo) ____________________ (hablar) con el profesor y, seguramente, me ____________________ (dar) nueva oportunidad para la prueba.

f) Tu esfuerzo de hoy te ____________________ (proporcionar) una vida tranquila y te ____________________ (sentir) muy feliz.

g) (Tú) ____________________ (conocer) a mi familia y te ____________________ (gustar) la alegría, además de la comida deliciosa que mi madre te ____________________ (ofrecer).

4. Acompaña los pronósticos del zodiaco.

Aries
La familia es importante para Ud. y hoy podrá dedicarse a ella. Es un día en que puede entretenerse sin remordimientos. Sus actividades lo afectarán muy positivamente. Cúidese el estómago, no abusando de comidas.

Tauro
Algunos gestos imprevistos pero compensados por posibilidades de expansión y lucimiento. Busque dentro de Ud. y encontrará muchas habilidades que aún no ha puesto en práctica. El color amarillo le será favorable.

Géminis
Sentimientos y emociones podrán complicarle el día. Canalice sus energías positivas en el trabajo. Póngase metas altas que llegará a ellas. Cambios en lo financiero que tendrán efectos a largo plazo. Busque colaboración.

Cáncer
Su intuición estará muy fuerte, escúchela. Muy buen momento para el amor y la pareja. Energías físicas y mentales bien equilibradas. Se sentirá inspirado y podrá dedicarse al diálogo productivo, a consolidar relaciones.

Leo
Momento ideal para las comunicaciones. Trabajo con el exterior y posibilidades de viaje largo. Puede haber roces con vecinos y con la pareja, lo que lo tendrá nervioso. Aproveche a practicar algún deporte.

Virgo
Su magnetismo capta la atención a quienes citen sus palabras. Oriente a quienes soliciten sus conocimientos. Especule con la posibilidad de realizar algún negocio. Día de brillo en el sector amoroso.

Libra
Evite por todos los medios los pensamientos negativos y el pesimismo y encontrará soluciones. No dude en aceptar nuevas responsabilidades ya que a través de ellas obtendrá beneficios. Frustraciones amorosas.

Escorpio
Excelente momento para cambiar la decoración del hogar. Rompa con la rutina: invite a su pareja al teatro o a cenar, pero controle la forma en que se alimenta, pues su ansiedad le podrá traer problemas de peso a corto plazo.

Sagitario
Los pequeños de la familia le reclamarán más tiempo; dedíqueles esta tarde y se sentirá enriquecido emocionalmente. No se deje llevar por chismes o comentarios mal intencionados, para que la familia permanezca unida. Mantenga la calma. ¡Fuerza mental!

Capricornio
Los celos de su pareja pueden sumirlo en el caos emocional; trate de hablarle y exponga sinceramente sus puntos de vista. Evite los pensamientos negativos o se deprimirá por cosas intrascendentes. Sea prudente en sus palabras y actitudes. Ánimo y ¡adelante!

Acuario
Las trabas legales se superan y le saldrá bien esa instancia judicial que estaba pendiente. ¡Felicitaciones! Buen momento para encontrar paz para su espíritu e inspiración que utilizará en su actividad en el contacto con la naturaleza. Recuerde que la unión hace la fuerza.

Piscis
Destine esta jornada al arreglo de su hogar y cuando vea los resultados de su labor, aunque cansado, estará feliz. Esfuércese y encauce sus ambiciones por caminos de acción; la indecisión puede llevarlo a desperdiciar buenas oportunidades. ¡Coraje!

Vocabulario

Arreglo: ordem, arranjo, regra.
Canalice: direcione.
Celos: ciúmes.
Cenar: jantar.
Citen: citem, apontem, refiram.
Dude: duvide.
Encauce: canalize, oriente, direcione.
Especule: examine, reflita sobre.
Hogar: lar.
Intrascendente: de pouca importância.
Invite: convide.
Labor: trabalho.
Lucimiento: brilho, fulgor, aplauso.
Pareja: par de pessoas, de animais.
Remordimientos: remorsos, arrependimentos.
Roces: atritos.

5. Ahora relaciona los grabados abajo a los signos.

6. Para entrenar la creatividad, haz cuenta que eres un famoso astrólogo. Inspirándote en los modelos presentados, escribe horóscopos bien distintos para dos signos. Léelos a continuación a tus compañeros.

7. Observa las ilustraciones abajo y luego completa los recuadros de Hemisferio Norte y Hemisferio Sur. Tienes ahí las estaciones del año en el hemisferio norte del planeta.

Los meses del año

Hemisferio Norte

Estaciones	Meses
Verano	
Otoño	
Invierno	
Primavera	

Hemisferio Sur

Estaciones	Meses
Verano	
Otoño	
Invierno	
Primavera	

Investigación

Bajo la orientación de tu profesor de Geografía o de Ciencias, busca informaciones sobre el pronóstico del tiempo. ¿Cómo se puede prever la llegada de lluvias o de frío con sólo mirar el cielo o el movimiento de determinados animales? Será interesante preguntarles a los mayores si conocen alguna práctica antigua para prever cambios climáticos. Apunta los resultados en tu cuaderno y tráelos al aula. A ver si aciertas el tiempo para hoy.

FÍJATE EN EL VOCABULARIO DEL TIEMPO

Verbos

Abonanzar: acalmar o tempo ou a tempestade.
Aborrascar: anuviar, escurecer, enfurecer.
Abrasar: esquentar muito, demais.
Airear: arejar, desabafar, ventilar.
Amainar: acalmar, abrandar, sossegar.
Avecinarse: aproximar-se.
Congelar: congelar.
Despejar: desanuviar, limpar o dia.
Enfriar: esfriar, fazer frio.
Helar: gelar.
Llover: chover.
Mojar: molhar.
Nevar: nevar.
Nublar: anuviar, enevoar, escurecer.
Refrescar: refrescar.
Relampaguear: relampejar.
Serenarse: aclarar, acalmar, desnublar.
Tronar: trovejar.

Adjetivos

Abrasador: ardente, muito quente, cáustico, abrasante.
Agradable: agradável, bom.
Apacible: agradável, aprazível, ameno.
Borrascoso: tempestuoso, que causa temporal, tempestade.
Brumoso: nebuloso.
Caluroso: quente.
Claro: claro, limpo, sem nuvens.
Cubierto: nublado.
Despejado: limpo, sem nuvens.
Estival: pertencente ao verão.
Fresco: frio moderado, frio agradável.
Frío: frio.
Helado: muito frio, gelado.
Húmedo: úmido.
Lluvioso: chuvoso.
Oscuro: escuro.
Pesado: carregado (de neblina, cerração, nuvens de chuva).
Seco: seco.
Soleado: ensolarado.
Templado: moderado, agradável, nem frio nem calor.

8. Relaciona la segunda columna de acuerdo con la primera. ¿En qué estaciones ocurren estos fenómenos?

1. en verano | 2. en otoño | 3. en invierno | 4. en primavera

( ) calor y bochorno
( ) cielo gris
( ) cielo limpio, despejado
( ) comidas ligeras
( ) comidas pesadas
( ) días largos
( ) granizo
( ) heladas
( ) horario especial de trabajo
( ) inundaciones
( ) muchas flores y frutas
( ) niebla
( ) noches largas
( ) ráfagas de viento fresco por la tarde
( ) ropas ligeras
( ) ropas oscuras y gruesas
( ) vientos fuertes

9. Lee con atención el texto que sigue.

¿De dónde proviene el nombre de los meses del año?

HULTON ARCHIVE/GETTY IMAGES

Numa Pompilio

CID

Augusto

CID

Julio César

Originariamente, el calendario primitivo de Roma se dividía solamente en diez meses. Fue Numa Pompilio, el segundo rey de Roma (715-672 a.C.), quien adaptó el calendario al año solar y le agregó los dos meses restantes.

Enero: Éste fue el primer mes agregado. Su nombre antiguo era Ianuro, en honor al dios Iano, que era el protector de puertas y entradas. A esta divinidad se la representaba con una vara y una llave.

Febrero: Incorporado en segundo lugar por Numa Pompilio, lo dedicó a Plutón o Februo, para que éste aplacara sus iras.

Marzo: Proviene de Marte, dios de la guerra, porque en este mes se iniciaban las campañas bélicas.

Abril: Procede del término griego *afros*, que significa "espuma", de la que surgió Venus. Se dedicó a la fertilidad.

Mayo: Es un homenaje a los ancianos o protectores del pueblo, ya que deriva de la palabra latina *majorum*, que significaba "mayores". Otros atribuyen su nombre a la diosa Maya, la esposa de Vulcano.

Junio: Representado como un segador de heno, supone un homenaje a los jóvenes, ya que proviene del término latino *junior*.

Julio: Julio César le dio su nombre, ya que él nació en este mes. Debido a que era la época en que se llevaba a cabo la recolección del trigo, se representaba con un segador realizando esta faena agrícola.

Agosto: Rinde homenaje al emperador Augusto. Inicialmente constaba de 30 días y se llamaba Sextilis; Numa Pompilio le quitó un día y Julio César le añadió dos más.

Septiembre: Como al principio ocupaba el séptimo lugar (*septem*, en latín), conservó su originaria denominación a pesar de ser el noveno. Diferentes escenas de vendimia representan este mes, dedicado al dios Vulcano.

Octubre: En este caso, ha conservado su nombre original de la época de Rómulo, del término latino *october*: octavo. Tanto la vendimia como la siembra, tareas de la época que marca, servían para simbolizarlo.

Noviembre: Mientras que su denominación ha perdurado desde que ocupaba el noveno lugar (*november*), sus días sufrieron cambios hasta llegar Augusto, quien los dejó en 31 y posteriormente con 30 días.

Diciembre: A pesar de estar en el último puesto, sigue conociéndole por la posición décima originaria.

Revista *Muy Interesante*. Argentina, abr. 2000, n. 174.

10. A partir de lo que has leído, contesta poniendo (V) si es una información verdadera o (F) si es falsa.

( ) a) El calendario romano primitivo tenía solamente diez meses.

( ) b) El calendario romano primitivo estaba relacionado a las distintas posiciones que ocupaba el sol en el cielo.

( ) c) Septiembre, octubre, noviembre y diciembre permanecieron siendo los séptimo, octavo, noveno y décimo meses en el calendario de Numa Pompilio.

( ) d) Agosto y junio son nombres que entraron al nuevo calendario romano para rendir homenaje a los emperadores Augusto y Julio César.

( ) e) El mes de marzo marcaba el comienzo del período de batallas para los romanos.

( ) f) Solamente enero, febrero, marzo, abril, mayo y junio son meses dedicados a divinidades.

( ) g) El mes de abril está relacionado a la belleza, al amor y a la fertilidad.

( ) h) El mes de mayo lleva ese nombre en homenaje a las madres y a los ancianos.

( ) i) Enero y febrero son los dos meses agregados por último al calendario solar.

11. Refranes son sentencias que tienen carácter didáctico y moralizante. Y muchos de ellos hablan sobre los meses y las estaciones. Lee los siguientes refranes, relacionándolos a las expresiones del recuadro.

a) Sin árbol no llueve
b) Mala cosecha
c) Lluvia de otoño
d) Buena cosecha
e) Enamoramiento
f) Ser prevenido
g) Creencia popular
h) Irregularidad del tiempo

( ) Abril tronado, viene buen verano.
( ) En invierno no hay mejor amigo que la capa.
( ) Del que el hacha sacude, la lluvia huye.
( ) No hay tal señal de agua como oír cantar la rana.
( ) Septiembre, o lleva los puentes o seca las fuentes.
( ) En mayo todas las feas se casan.
( ) Mal año espero, si en febrero anda en mangas de camisa el jornalero.
( ) Cuando el verano es invierno y el invierno verano, nunca buen año.

12. Busca con personas mayores refranes populares de tu tierra que hablen también del tiempo, de los meses, comparándolos con los que te presentamos.

____

____

____

____

____

Ventanita

Hasta el siglo XVI los europeos no conocían las patatas. Los soldados españoles vieron que los indios peruanos comían un tubérculo y pronto lo adoptaron. En el siglo II a.C. los indígenas ya conocían ese alimento. Los españoles llevaron sus semillas y a finales del siglo XVI ya se lo cultivaba. Se sabe que el rey Felipe II envió patatas al papa Pío IV para mejorar su salud. En esa época muchos la consideraban un alimento peligroso, afirmando que transmitía la lepra. Pero en la segunda mitad del siglo XVIII el farmacéutico Parmentier escribió varias publicaciones para implantar la patata como alimento básico. Con el hambre provocado por las guerras de la Revolución Francesa, la patata se convirtió en un alimento fundamental. ¿Cómo sería la alimentación sin la patata? No lo imaginamos.

Unidad 9 LOS INVENTOS

ACTIVIDADES

Vas a ver en esta unidad cómo pequeñas ideas pueden cambiar la vida en nuestro planeta.

FOTOS: CID

1. Acompaña el texto y complétalo.

Inventos e inventores

Vives en el siglo XXI, con mucho ____________, gracias a inventos que ______________ nuestras vidas. Un número incontable de cosas comunes de hoy día no existía en tiempos ____________. Si preguntas cómo vivían los hombres sin el ____________, la radio, la ____________, los alimentos enlatados, te contesto ____________ que todo se repite. El año 2050, por ____________, habrá tantas cosas de las ____________ no tenemos idea y, por supuesto, no nos hacen falta porque todavía no ____________.

Vamos a ver un poquito de algunos inventos y sus inventores.

Un objeto tan ____________ como la cerilla cambió al mundo. Fue creada en 1827 por el inglés John Walker. Consistía en una ____________ de muy pocos centímetros de ____________. Para encenderla se frotaba contra una ____________. Fue lenta su evolución ____________ la forma actual.

Otro invento de los más importantes de todos los tiempos fue el ____________. Los egipcios crearon el "____________ de sombra", que indicaba la hora por la posición de una ____________ de sombra en las marcas ____________.

Desde el reloj de arena, usado hacia el 1300, hasta hoy, hubo una serie de cambios por que ha __________ para __________ a las tecnologías que tenemos hoy, con __________ despertadores, relojes pulsera, relojes pequeños, minúsculos, relojes que __________ una fracción de segundo y que son muy utilizados en campeonatos.

¿Se podría __________ el mundo sin la radio? Increíble, ¿no? Pues su padre fue el italiano Guglielmo Marconi y es de 1901, cuando __________ una transmisión del alfabeto morse al otro lado del Atlántico.

En 1920 Lewis Richardson __________ que la clave para __________ el tiempo era la observación de la __________, la temperatura, el viento y la presión simultánea, en puntos separados por la misma distancia en todo el mundo. Hoy día los __________ hacen los cálculos rápidamente, dando lugar a una pronta __________ numérica del tiempo.

El __________ de un modesto hostelero, Nicolás Appert, percibió que los microorganismos del ambiente alteraban los productos comestibles. __________ entonces que el fungo los combatiría y lo __________ en práctica. Comprobó que legumbres, carnes y frutas se conservan durante más tiempo, si __________ en botes herméticamente cerrados y calentados. En 1809 el gobierno concedió a Appert un premio de 12.000 francos, con la condición de que el inventor divulgara el procedimiento. Appert siguió __________ en sus estudios y es lo que hoy conocemos como conservas.

¿Y la escritura? ¿Cómo __________ y se __________ hasta llegar a lo que tenemos hoy? En la Mesopotamia estos escritos eran hechos en __________ de arcilla. Por el año 500 a.C. se utilizó una pluma de ave en la __________ se hacía un corte puntiagudo. Los __________ chinos usaban pinceles de pelo de __________ o de rata. Pegaban los __________ de pelo y los fijaban en la punta de un palito delgado. En 1800 se inventa la pluma estilográfica. Había también la pluma de __________ hasta aproximadamente 1960.

El bolígrafo fue creado en 1880 por el norteamericano John H. Loud. La versión actual es de Josef y George Biro en 1940. Por eso el bolígrafo es también conocido por __________, palabra derivada de Biro.

SALAZAR, M. J. *Inventos e Inventores*. Madrid: Altosa, 1998. Adaptado.

Vocabulario

Arcilla: argila, barro.
Astilla: lasca.
Birome: caneta esferográfica.
Bolígrafo: caneta esferográfica.
Cerilla: fósforo.
Chinos: chineses.
Estilográfica: caneta automática.
Hostelero: hospedeiro, estalajadeiro.
Lija: lixa.
Longitud: comprimento.
Predicción: prognóstico, previsão.
Pronosticar: prognosticar, antever.
Rata: rato, ratazana.
Raya: risca, traço.
Señaladas: assinaladas.
Tablillas: tabuinhas, tabuletas.

2. Teniendo como base ese texto, contesta las siguientes cuestiones:

a) Explica con tus palabras el primer párrafo del texto.

b) ¿Por qué la cerilla cambió el mundo?

c) ¿Cómo sería el mundo si, de repente, todos los relojes desaparecieran, no existieran más en medio a la modernidad del siglo XXI?

d) Considerando la época en que surgieron, ¿cuál de los dos inventos tuvo mayor importancia e influencia en la vida humana: la radio o el ordenador?

e) ¿A quiénes era de vital importancia pronosticar el tiempo? Explícalo.

f) Presenta cinco consecuencias positivas de los alimentos envasados.

g) Después de informarte con una persona mayor de 60 años, explica cómo era la vida escolar sin la estilográfica y el bolígrafo.

h) ¿Qué te ha llamado más la atención en el texto y por qué?

3. Aunque presenten muchos aspectos positivos, se puede pensar en alguna situación provocada por esos inventos que no sea buena. Completa las frases con la palabra adecuada.

a) Hay muchas situaciones en que somos __________ del reloj.

b) Si no tenemos siempre mucho cuidado, una única cerilla puede provocar __________.

c) La falta de cuidado con el plazo de vencimiento de los enlatados puede ocasionar __________.

d) Sin pronosticar el tiempo no se tendría la __________ de una previsión negativa, como ocurre ahora.

e) La radio informa, distrae, pero también lleva a las personas a no más aceptar algo también necesario, en medio al ajetreo de la vida: un poco de __________.

f) La escritura trajo cultura, progreso, pero con ella se cometen también __________ y __________.

PRETÉRITO IMPERFECTO

	Acción pasada no concluida					
PERSONAS	NADAR		BEBER		VIVIR	
YO	nad	aba	beb	ía	viv	ía
TÚ	nad	abas	beb	ías	viv	ías
ÉL(ELLA)	nad	aba	beb	ía	viv	ía
USTED	nad	aba	beb	ía	viv	ía
NOSOTROS(AS)	nad	ábamos	beb	íamos	viv	íamos
VOSOTROS(AS)	nad	abais	beb	íais	viv	íais
ELLOS(AS)	nad	aban	beb	ían	viv	ían
USTEDES	nad	aban	beb	ían	viv	ían

PRETÉRITO INDEFINIDO

	Acción pasada ya concluida					
PERSONAS	NADAR		BEBER		VIVIR	
YO	nad	é	beb	í	viv	í
TÚ	nad	aste	beb	iste	viv	iste
ÉL(ELLA)	nad	ó	beb	ió	viv	ió
USTED	nad	ó	beb	ió	viv	ió
NOSOTROS(AS)	nad	amos	beb	imos	viv	imos
VOSOTROS(AS)	nad	asteis	beb	isteis	viv	isteis
ELLOS(AS)	nad	aron	beb	ieron	viv	ieron
USTEDES	nad	aron	beb	ieron	viv	ieron

4. Lee el texto siguiente y luego ordena, por orden de mayor a menor importancia, los inventos, justificando tu opinión.

Algunos inventos

1. El papel higiénico fue inventado en los Estados Unidos en 1875 por Joseph Cavetty y era empaquetado en hojas individuales. El sistema en rollo, parecido a los de hoy, vino del inglés Walter Alcoch, en 1879.

2. La cremallera fue inventada por un mecánico de Chicago, Whitecomb Judson, en 1893. Este curioso sistema de cierre de cadeneta es rápido y se lo usa en el mundo entero.

3. La aguja de coser, invento tan importante como la rueda o el fuego, es tan antigua que no se puede precisar la época. Se encontraron ejemplares en cuevas del Período Paleolítico, 40.000 años antes de Cristo.

4. El teléfono fue inventado por Alexander Graham Bell en 1874. Era hijo de una sorda y un especialista en la recuperación de sordos. El teléfono público por monedas es de 1889, inventado por el norteamericano William Gray.

5. La máquina de escribir, hoy casi sustituida por los ordenadores, es una invención del inglés Henry Hill y data del año 1714.

6. El desodorante se inventó en 1888 en los Estados Unidos. Era un inhibidor de la humedad axilar. Su popularidad alcanzó extraordinaria proyección, por solucionar un problema tan molesto y universal.

( ) a) desodorante
( ) b) teléfono
( ) c) cremallera
( ) d) papel higiénico
( ) e) máquina de escribir
( ) f) aguja

____
____
____
____
____

5. Según te parezca, escribe las palabras abajo en las rayas, relacionándolas a los inventos.

cierre	salud	vestuario	olfato	comunicación	tiempo

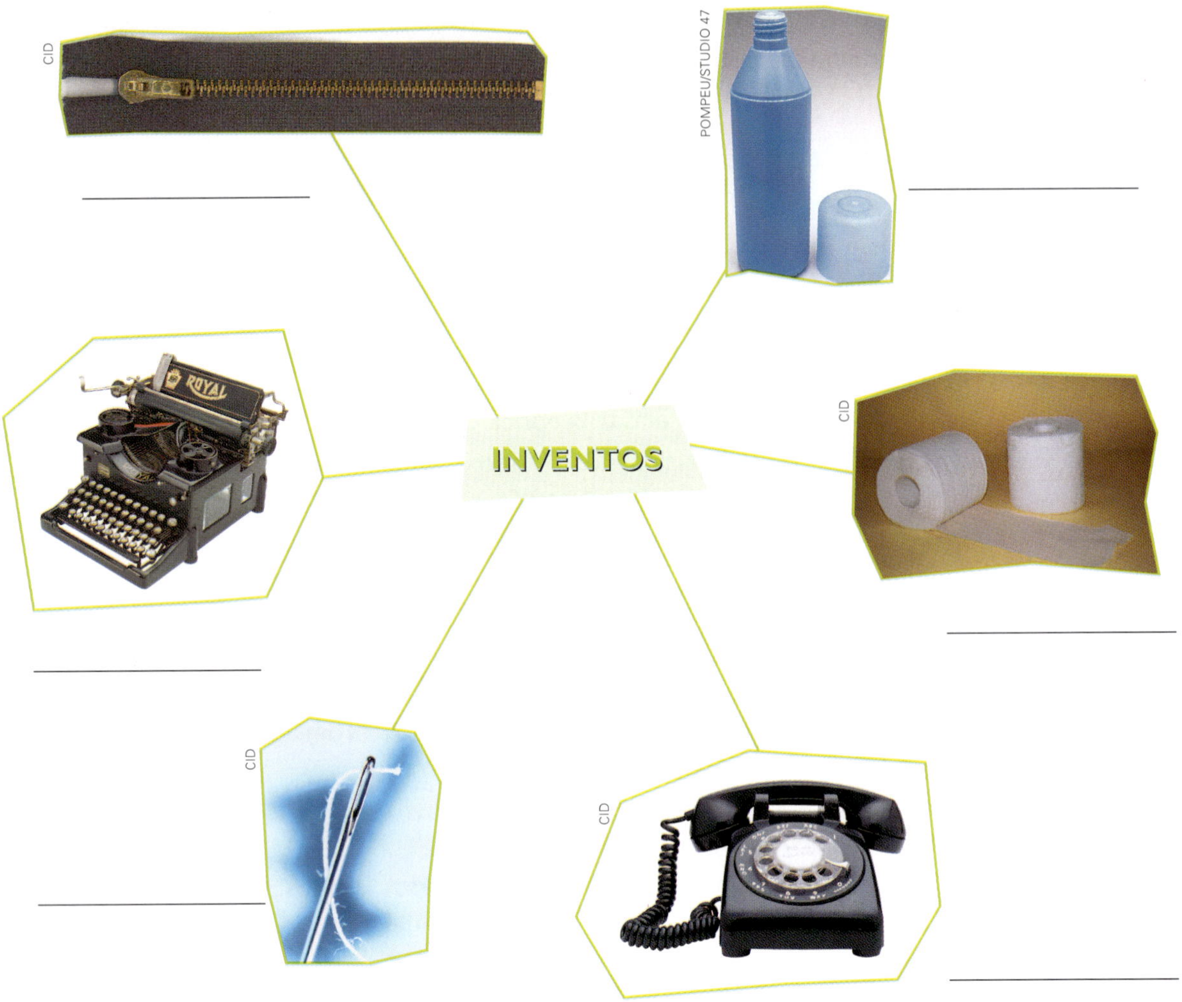

Rinconcito de la Risa

Teléfono

— ¿Dame tu teléfono, Manolo?
— Si te lo doy, ¿cómo llamaré a mis amigos, Pepe?

Tolerancia Cero

Paciente: ¿Dame un vaso de agua?
Enfermera: ¿Para tomar?
Paciente: ¡No, no! Es para zambullirme.

Proyecto de clase

Recolecta materiales y útiles escolares que no se utilizan más para repartirlos con niños necesitados. Esa campaña se podrá hacer a lo largo de todo el año, y el material recibido podrá ser donado a estudiantes de tu escuela o a alumnos de escuelas de tu barrio. Esa práctica evita el desperdicio y auxilia a quienes realmente lo necesitan.

6. ¿Qué te gustaría inventar/crear? ¿Qué contribución traerías para mejorar la vida humana?

____

____

____

____

____

____

____

____

____

____

7. Relaciona las columnas con base en el texto "Algunos inventos".

a) Papel higiénico	c) Aguja de coser	e) Máquina de escribir
b) Cremallera	d) Teléfono	f) Desodorante

( ) 1874	( ) Estados Unidos	( ) Poco uso hoy día
( ) 40.000 a.C.	( ) A. Graham Bell	( ) Uso incondicional
( ) 1714	( ) Paleolítico	( ) Gran popularidad
( ) 1875	( ) Henry Hill	( ) Multiuso práctico
( ) 1888	( ) Whitecomb Judson	( ) El mundo en casa
( ) 1893	( ) Joseph Cavetty	( ) Importancia impar

Curiosidad

Hace mucho tiempo, cuando las costumbres aborígenes guaraníes comenzaron a mezclarse con las tradiciones católicas de los conquistadores, nació un modo de festejar la Navidad. Los guaraníes comenzaron a venerar un árbol en la selva pues, según ellos, con las ramas de ese árbol había barrido José el establo en el que iba a nacer su hijo y había armado la cuna con esas mismas ramas. A esa tradición - que todavía se mantiene - se la llama hoy "Niño Rupá", es decir, "cuna del niño".

Jueguito

Guerra de palabras

Número de jugadores: A partir de dos. Cada jugador deberá escribir en la grilla con un lápiz de color distinto para que se pueda contar los puntos hechos al final del partido.

Inicio del partido: A uno de los jugadores le tocará escribir una letra del alfabeto en la cuadrícula oscura que está en el centro del tablero.

Jugadas: Cada jugador deberá, en su turno, escribir una palabra del vocabulario ya estudiado anteriormente, en el sentido horizontal o vertical, tratando de aprovechar inicialmente la letra del centro, y después, con el paso del juego, las letras de las palabras de los demás participantes, siempre cruzándolas. Pierde la vez el que no sepa qué palabra escribir o que la escriba con error.

Ganador: Aquel que haya logrado escribir de modo correcto el mayor número de palabras con más de tres letras. Se podrá conferir cada punto a partir del color de las palabras apuntadas.

1	2	3	4	5	6	7	8	9	10	11	12	13	14	15	16	17	18	19	20	21	22	23	24	25
2																								
3																								
4																								
5																								
6																								
7																								
8																								
9																								
10																								
11																								
12																								
13																								
14																								
15																								
16																								
17																								
18																								
19																								
20																								
21																								
22																								
23																								
24																								
25																								

Ventanita

Te presentamos algunas invenciones muy curiosas y que forman parte de nuestra vida. Acompaña la invención el nombre de su autor y la fecha.

Carro de combate	Leonardo da Vinci	Siglo XV
Calculadora	Blas Pascal	1645
Automóvil	Delamare-Debouteville	1883
Anestesia	Morton	1846
Acero	Bessamer	1885
Vacuna anticolérica	Louis Pasteur	Siglo XIX
Radar	Hugo Gerusback	1911
Locomotora	Siemens	1879
Pilas	Galvani	Siglo XVIII
Lentes bifocales	Benjamin Franklin	1760
La radio	Guglielmo Marconi	1904
Olla a presión	Denis Papin	1681
Revólver de percusión	William Franter	1855
Plancha eléctrica	Henry Serly	1882
Lavavajillas	Josephine Cochrane	1886
Licuadora	S.J. Poplawski	1922
Aspiradora	M.R. Bissell	1876
Máquina de coser	Bartolomé Thimmonier	1830
Patatas Chips	George Crum	1853
Caja fuerte	Alejandro Fichet	1844

Unidad 10 Los descubrimientos

Los descubrimientos geográficos

CID

Colón presenta sus planes a los reyes católicos de España. Pintura sobre azulejos.

Allá por el siglo XV, al comenzar la época moderna, los europeos buscaban conocer nuevas regiones, encontrar riquezas y rutas hacia el lejano Oriente. Y, con la audacia de los navegantes — ¡qué audacia! —, encontraron mundos desconocidos y esto cambió el rumbo de la Historia. A partir de entonces, las naciones europeas serían más ricas y más fuertes y, con la aproximación de sus tierras, su cultura, su lengua, su arte, pasarían a tener un papel de predominio en el mundo.

Cabe resaltar también que los europeos enriquecerían su flora, su fauna y su alimentación con lo que había de original y único en las tierras de América, como es el caso de la patata, llevada de América a Europa.

Los reyes, emperadores, gobernantes proponían a los comerciantes ampliar los negocios en lugares lejanos. Los sacerdotes querían llevar la religión católica hacia otros lugares.

Portugueses y españoles fueron los primeros en realizar viajes de descubrimientos.

Europa pasó a ser el centro del mundo y, con las conquistas, pudo acumular enormes riquezas. Su cultura, su lengua, su religión pasaron a dominar en todo el mundo.

El País. El Escolar. Uruguay, mar. 1994. Adaptado.

Vocabulario

Lejano: longe, distante. **Rumbo:** rumo, caminho. **Rutas:** rotas, itinerarios.

ACTIVIDADES

1. Lee el texto y completa los huecos eligiendo la palabra adecuada. Para ayudarte, busca las palabras desconocidas en el diccionario.

fauna	religión	riqueza	consecuencia	flora	poder	vieron
fuerza	codicia	productos	tesoros	lengua	beneficiada	coraje
fama	poderosos	cambiaron	llevaron	aventura	pobre	rico

Descubrimientos

Las causas de los descubrimientos geográficos son la ________________ de los gobernantes y el ________________ de los navegantes. Esas nuevas tierras trajeron ____________, ____________ y ____________ a los pueblos descubridores.

Sin pensarlo, se volvieron ____________ y ____________ los destinos del mundo.

Otro aspecto a considerar es que Europa fue ____________ por los productos que los navegantes ______________ del Nuevo Mundo, ya que la ______________ y la ______________ de las tierras descubiertas eran ricas y tenían ______________ desconocidos de los europeos.

Si los gobernantes querían riqueza y ____________, los navegantes también buscaban ________________ y los sacerdotes ________________ la oportunidad de divulgar la ___________.

Otra ____________ de los descubrimientos fue la expansión de la ____________, uno de los mayores ____________ de cualquier pueblo, del más ____________ al más ____________.

Curiosidad

Curiosidades numéricas sobre el universo

1. El mayor de los nueve planetas del Sistema Solar es Júpiter, su volumen es 1.330 veces mayor que la Tierra y su día dura 9 horas, 55 minutos y 29,69 segundos.
2. Plutón es el planeta más frío y más pequeño. Su temperatura media es de –233 °C. Su volumen es 20 veces menor que la Tierra. Mientras la Tierra hace la vuelta alrededor del Sol en 365 días, 6 horas y 9 minutos, Plutón la hace en 240 a 260 años.
3. El más caliente planeta es Venus, con una temperatura media de 464 °C.

CID

Busca de 3 a 5 curiosidades numéricas que te interesan, cópialas y léelas en el aula a tus compañeros. Trae cosas bien originales, ¿sí?

2. Escucha la grabación y completa el texto.

Sobre la fauna de nuestro planeta

CID

El pingüino

Los pingüinos son ____________ marinos que no pueden volar.

Sólo viven en la parte ____________ del hemisferio sur y siete especies viven en la Antártida.

Se mantienen ____________ gracias a dos capas de cortas ____________, muy ____________ entre sí, y a una capa de ____________ bajo su piel.

Para ____________ sus huevos el macho los calienta ____________ sobre los pies, bajo un ____________ de su piel, manteniéndolos ____________ del suelo helado. Permanece ____________ por más de ocho semanas hasta romper el cascarón.

RICARDO TANIOS HAMZO/CID

Animales urbanos

Los animales urbanos deben ser muy fuertes para soportar el ruido, la contaminación y el ____________. Deben poder vivir ____________ de la gente, comer gran ____________ de alimentos, ____________ rápidamente y ____________ en ____________ lugar disponible.

La comida y los ____________ de las ciudades resultan inapropiados para muchos animales, pues no ____________ el ruido, el humo y las aguas ____________ de la ciudad.

Rinconcito de la Risa

Zorri

Un zorro inglés va por el bosque y tropieza con un burro. El zorro dice:

— I am sorry.

El burro contesta:

— I am burri.

Pajarito

— ¿Cómo se llama este pájaro?

— Lo ignoro.

— ¡Ay! ¡Qué loignorito más bonito!

Animales que hibernan

Algunos animales permanecen _______________ durante el _______________. Los latidos del corazón, la respiración y la digestión se vuelven lentos y sus cuerpos se enfrían notablemente.

Son las _______________, marmotas y algunos _______________. Muchos sapos, tortugas, víboras y algunos _______________ también hibernan.

Vocabulario

Ajetreo: fadiga, cansaço, agitação.
Alejados: distantes, longe, longínquo.
Ardillas: esquilos.
Austral: meridional, sul.
Calienta: esquenta, do verbo esquentar.
Calientes: aquecidos.
Cascarón: casca, casca de ovo.
Cobijarse: cobrir-se, tapar-se, abrigar-se, ocultar-se.
Empollar: chocar, incubar.
Enfrían: esfriam-se, desaquecem-se.
Humo: fumaça, vapor.
Latidos: latejos, pulsações do coração.
Murciélagos: morcegos.
Pliegue: prega, dobra, ruga.
Resultan: apresentam-se.

Curiosidad

Preguntas y respuestas

¿Cómo se forma un huevo?

1. El ovario deja salir un óvulo. Éste contiene la yema, que ha sido sintetizada en el hígado del ave.
2. Una vez en el conducto genital, el óvulo es fecundado: ya es huevo.
3. Durante las cuatro horas siguientes, las paredes del conducto secretan la clara, que se concentra rodeando la yema.
4. En una hora se depositan las dos membranas protectoras.
5. El huevo dobla su volumen en 20 horas. Por último, se forma la cáscara: ya está listo para la puesta.

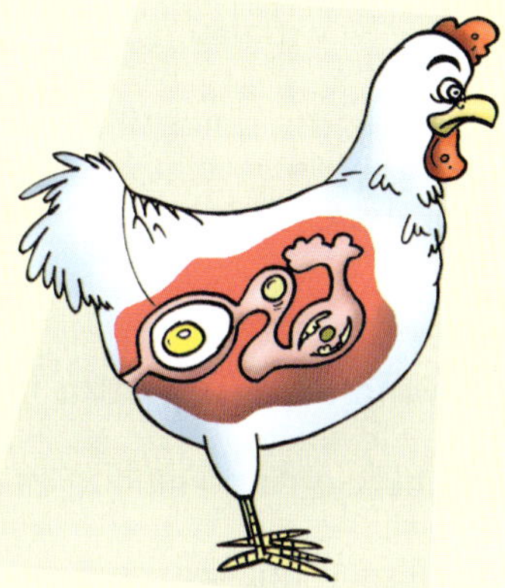

Desafío

Desafiamos a que encuentres el mayor número de animales con las características abajo.

1. Con alas
2. Con colmillos
3. Con pezuñas
4. Con zarpas
5. Con aletas
6. Con aguijones
7. Con agallas
8. Con garras
9. Con plumas
10. Con escamas

Vocabulario

Agallas: guelras.
Aguijón: aguilhão, ferrão.
Aleta: barbatana de peixe.
Colmillo: presa.
Pezuña: dedos de animais de pata fendida.
Zarpas: garras.

3. Tras leer nuevamente los textos, contesta.

a) ¿Cómo soportan los pingüinos vivir en regiones tan heladas? ______

______

b) ¿Cómo empollan sus huevos? ______

______

c) ¿Por qué algunos animales soportan la vida en la ciudad y otros no? ______

______

d) ¿Qué es hibernar y por qué ocurre eso? ______

______

e) Si tuvieras de ser un animal ¿cuál elegirías ser y por qué? ______

______

4. Pon atención en las frases que siguen y verifica en qué posición aparecen las palabras destacadas. ¿Están junto a qué clase de palabras?

a) Yo quería **mucho** una mascota. ______

b) **Mucho** me gustan los animales. ______

c) —¿Te gusta viajar?

— Sí, **mucho**. ______

d) Mi padre siempre tiene **mucho** trabajo. ______

5. Escribe cuándo se emplea la palabra **mucho**. ______

______

6. A ver ahora estas otras frases. Haz con **muy** lo mismo que hiciste con las frases anteriores.

a) El zoo de mi ciudad es **muy** grande. ______

b) Tengo una mascota **muy** bonita y muy inteligente. ______

c) Mi perro siempre está **muy** cerca de mí. ______

7. Escribe cuándo se emplea la palabra **muy**. ______

Adivinanzas

1. Ahora verde, ahora marrón. Soy cama, pero no te tumbes, porque también soy león.

______

2. Dicen que la tía Cuca arrastra una mala racha. ¿Quién será esa muchacha?

______

3. Una señora muy aseñoreada, despacio, lleva la posada.

______

FÍJATE BIEN

Se usa **mucho** antes de los adjetivos *mayor, menor, peor, mejor* y de los adverbios *más, menos, antes* y *después.*

Brasil es **mucho** *mayor* que Ecuador.
Brasil tiene **mucho** *más* florestas que Europa.

8. Completa las frases abajo empleando **muy** o **mucho**, según lo que has observado antes.

a) ______________ antes de los avances tecnológicos los animales vivían en ______________ perfecta armonía con la naturaleza.

b) Hay países donde se comen ______________ tipos de carne que a nosotros sería ______________ difícil ingerir.

c) Australia está ______________ lejos de Brasil y tiene una fauna ______________ rica, pero ______________ menor que la nuestra.

d) Teresa es una guía turística ______________ eficiente y ______________ mejor que otras de grandes empresas, por eso confío ______________ en sus orientaciones, siempre ______________ provechosas.

e) En la finca de mi abuela hay una variedad ______________ grande de animales y son tratados con ______________ cariño.

f) Trabajar es ______________ bueno y, si lo hacemos, tenemos ______________ más condiciones de realizar nuestros sueños.

g) Tengo ______________ tiempo y, si quieres, podemos salir para conocer la ciudad y ver cosas ______________ interesantes.

h) Nuestro planeta necesita ______________ de cuidados ______________ especiales para solucionar problemas ______________ graves como la falta de agua y la extinción de ______________ animales.

i) Para ser ______________ buen conductor es fundamental ser calmo y tener ______________ cuidado con los demás conductores.

j) Disfruto una vida ______________ buena pues tengo ______________ salud, ______________ confort y soy ______________ agradecido por la educación que he recibido de mis padres.

Proyecto de clase

¿Qué término te parece más amplio: cultura o folklore?¿Por qué?¿Cuál es esa distinción?

¿Te acuerdas de los números? Pues vamos a repasarlos ahora. Pero antes observa como se escriben.

NUMERALES DE 1 A 29

1 uno	16 dieciséis
2 dos	17 diecisiete
3 tres	18 dieciocho
4 cuatro	19 diecinueve
5 cinco	20 veinte
6 seis	21 veintiuno/veintiún/ veintiuna
7 siete	22 veintidós
8 ocho	23 veintitrés
9 nueve	24 veinticuatro
10 diez	25 veinticinco
11 once	26 veintiséis
12 doce	27 veintisiete
13 trece	28 veintiocho
14 catorce	29 veintinueve
15 quince	

DECENAS, CENTENAS Y MILLARES

30 treinta	300 trescientos
40 cuarenta	400 cuatrocientos
50 cincuenta	500 quinientos
60 sesenta	600 seiscientos
70 setenta	700 setecientos
80 ochenta	800 ochocientos
90 noventa	900 novecientos
100 cien/ciento	1.000 mil
200 doscientos	1.000.000 millón

¡Cuidado!

La **Y** sólo se utiliza entre unidades y decenas, nunca entre decenas y centenas.

Observa como se escriben los números:

a) 45 — cuarenta *y* cinco
b) 184 — ciento ochenta *y* cuatro
c) 1.997 — mil novecientos noventa *y* siete
d) 156.102 — ciento cincuenta *y* seis mil ciento dos
e) 6.001 — seis mil uno

Uno y los que terminan en **uno** tienen variación de género para concordar con la palabra a que se refieren.

Gané de cumpleaños *una* pulsera y tres vestidos.

Uno pierde la **O** cuando viene antes del sustantivo.

Consulté sólo el libro *uno* de la colección.

Compré *un* libro y dos cuadernos.

Escucha y canta.

De colores

Folklore español

De colores – de colores se visten los campos en la primavera
de colores – de colores son los pajaritos que vienen de afuera
de colores – de colores es el arco iris que vemos lucir

Y por eso los grandes amores
de muchos colores me gustan a mí.] bis

Canta el gallo – canta el gallo con el quiriquiri quiriquiri,
la gallina – la gallina con el caracara caracara,
los polluelos – los polluelos con el pío pío pío pío pío.

Y por eso...

Ventanita

Algunos animales MÁS

El más venenoso es la pequeña rana dardo dorado. Su piel destila una secreción que es el tóxico más mortal que se conoce en el mundo.

El que tiene ojos más grandes es el calamar gigante con los ojos de medio metro de diámetro.

El olfato más desarrollado es la mariposa emperador macho. Puede distinguir una hembra virgen a una distancia de 11 km.

CID

La mariposa emperador.

El que tiene audición más aguda es el murciélago, capaz de captar frecuencias de hasta 120 kHz. El máximo para los humanos es de 20 kHz.

El animal más voraz es la larva de polilla polifemo, que consume 86.000 veces su peso corporal con sólo 56 días de nacida. Sería como un bebé de 2 meses haber comido 273 toneladas de alimento.

El animal más fuerte (en proporción a su tamaño) es el escarabajo gigante de la familia *Scarabaeidae*, capaz de soportar 850 veces su peso. El ser humano tan sólo puede soportar un máximo de 17 veces su peso.

Almanaque Navarrete 2001 – Lima, Perú.

Unidad 11

LA SOCIEDAD

La evolución social del hombre

A lo largo de los años de peregrinar el hombre por la Tierra, ha evolucionado tanto en sus características físicas e intelectuales, como en sus formas de vivir, las cuales ha ido perfeccionando día tras día. Este proceso puede decirse que es lo que se llama cultura.

BETTMANN/CORBIS-STOCK PHOTOS

La cultura se reviste de gran importancia porque es la que nos señala los cambios y transformaciones que ha sufrido y sufre la sociedad.

El hombre ha enfrentado un proceso evolutivo que puede dividirse en tres etapas: salvajismo, barbarie y civilización.

Salvajismo: el hombre vive en una situación precaria, es nómada. Su vivienda son las cuevas que encuentra. Se alimenta de la recolección de plantas y frutas.

CID

Barbarie: realiza actividades sedentarias como la agricultura y la ganadería. Aparecen las primeras aldeas. [...]

Civilización: indica un estado material y moral muy avanzado. En esta etapa el hombre ha logrado los avances científicos y tecnológicos que le permiten vivir mejor.

Sociedad es la "reunión mayor o menor de personas, familias, pueblos o naciones".

Familia: el grupo comunitario más importante. Si bien presenta grandes variaciones en su estructura y contenido, la familia es una formación grupal que surge donde existe una sociedad humana.

La familia es la base fundamental de la estructura social, porque todas las demás instituciones dependen de sus contribuciones.

Los hábitos que se logran obtener dentro de la familia llegarán a ser modelo de la conducta requerida en otros segmentos de la sociedad.

TROYA C., Demóstenes. *Cívica*.
Panamá: Geminis, 1997. Adaptado.

BETTMANN/CORBIS-STOCK PHOTOS

Vocabulario
Ganadería: gado, rebanho.
Nómada: errante, que não tem domicílio fixo.
Recolección: coleta.
Salvajismo: uma etapa da civilização humana.
Se reviste: cobre-se, reveste-se.

ACTIVIDADES

1. ¿Cuál es la importancia de la familia?

____

____

____

____

____

____

____

2. Según el contenido del texto, relaciona las columnas.

a) hombre
b) salvajismo
c) barbarie
d) civilización
e) sociedad
f) familia
g) hábitos

( ) agricultura y ganadería
( ) base de la estructura social
( ) proceso evolutivo
( ) avances científicos y tecnológicos
( ) modelo de conducta
( ) ha evolucionado
( ) cuevas y vida nómada
( ) fundamento de las sociedades
( ) mayor o menor reunión de personas
( ) reflejo de la familia

3. Con base en el texto, completa los huecos.

a) La cultura es muy importante porque ____

____.

b) Cultura se divide en tres etapas: ____________________, ____________________ y ____________________.

c) En el ____________________ el hombre ______________________________

____.

d) En la barbarie los hombres ya cultivan la ____________________ y la ____________________.

e) En la fase de la civilización empiezan los ______________________________

____.

Desafío

Con una de las letras empieza el pensamiento. Cuando la descubras será fácil leerlo. Paciencia y ¡adelante!

L	E	E	S	E	M	U	E	A	R	E	N	
E	S	O	E	H	A	Q	T	V	A	U	F	O
	T	I	L	C	G	O	E	E	A	B	U	R
	U	D	C	O	I	C	L	L	U	N	T	U

OBSERVA

Hay una cosa importante que debes observar: cuando se hacen preguntas o se exclama y cuando se las contestan. Mira los ejemplos.

Preguntas
¿**Adónde** fuiste?
¿**Qué** quieren ustedes?
¿**Cómo** está usted?
¿**Cuándo** viajan?
¿**Quién** te dijo eso?
¿**Cuál** es el libro?

Respuestas
Fui a **donde** estaban mis compañeros.
Lo **que** queremos es que nos dé una información.
Estoy **como** ayer: muy cansado.
Viajan **cuando** tengan sus vacaciones.
Quien me lo dijo es de tu ciudad.
El libro al **cual** me refiero no está aquí.

Exclama
¡**Qué** bueno verte!
¡**Cuánto** ha gastado!
¡**Quién** lo diría!

No exclama
Quería mucho **que** vinieras.
No tengo todo **cuanto** quiero.
Ayudo a **quien** lo necesita.

Llevan tilde los pronombres interrogativos y exclamativos; cuando no expressan interrogación o exclamación, no llevan tilde.

4. Busca una persona de lengua española para hacer una entrevista. Para eso te sugerimos algunas preguntas. Según el tipo de cultura, puedes cambiar o adaptar las preguntas, ¿de acuerdo?

Nombre:
Profesión:
¿Dónde nació?
¿Por qué usted o sus familiares vinieron para Brasil?
De las cosas de su tierra, ¿qué es lo que más recuerda?
¿Puede explicarnos una costumbre típica de su país? ¿Y alguna fiesta?
¿Y qué plato de su país le gusta más? ¿Cómo es?
¿Cómo es el carácter de su pueblo?
Y de los brasileños, ¿qué puede decirnos?
¿Qué característica le gustaría que los brasileños tuvieran de su pueblo y que su pueblo tuviera de los brasileños?
¿Qué consejo le gustaría dar a los jóvenes de Brasil?

Algunos verbos van a ayudarte a referir al pasado. Los que aquí van, en pretérito indefinido de Indicativo, son muy usados.

	VERBOS				
PERSONAS	QUERER	HACER	DECIR	VENIR	IR
YO	quise	hice	dije	vine	fui
TÚ	quisiste	hiciste	dijiste	viniste	fuiste
ÉL(ELLA)	quiso	hizo	dijo	vino	fue
USTED	quiso	hizo	dijo	vino	fue
NOSOTROS(AS)	quisimos	hicimos	dijimos	vinimos	fuimos
VOSOTROS(AS)	quisisteis	hicisteis	dijisteis	vinisteis	fuisteis
ELLOS(AS)	quisieron	hicieron	dijeron	vinieron	fueron
USTEDES	quisieron	hicieron	dijeron	vinieron	fueron

	VERBOS			
PERSONAS	SALIR	ESTAR	PODER	TENER
YO	salí	estuve	pude	tuve
TÚ	saliste	estuviste	pudiste	tuviste
ÉL(ELLA)	salió	estuvo	pudo	tuvo
USTED	salió	estuvo	pudo	tuvo
NOSOTROS(AS)	salimos	estuvimos	pudimos	tuvimos
VOSOTROS(AS)	salisteis	estuvisteis	pudisteis	tuvisteis
ELLOS(AS)	salieron	estuvieron	pudieron	tuvieron
USTEDES	salieron	estuvieron	pudieron	tuvieron

Salí de casa e **hice** un paseo en el parque.
Víctor **estuvo** ahorrando mucho tiempo y **pudo** conocer a Grecia.
Dijiste que querías ayudarme y **fuiste** la primera en llegar. Gracias.
Vinimos temprano y **tuvimos** la oportunidad de conocer al nuevo profesor.

Curiosidad

CULTURA HISPÁNICA

DAVID MERCADO/REUTERS-NEWSCOM

La "Diablada". Oruro, Bolivia.

Durante su vida el hombre amolda el mundo a sus intereses y necesidades. Muchas de esas creencias son conocidas, con pequeñas variantes en muchos lugares del mundo. Todo ello muestra una parte de la compleja alma humana que busca apoyo en amparos artificiales.

Vamos a ver algunas creencias y aspectos culturales del mundo hispánico.

El abanico. Es originario del Oriente, donde era considerado sagrado y fue introducido en España por los jesuitas durante el siglo XVII y se creó un lenguaje secreto: 1) abanicarse con parsimonia indica indiferencia; 2) apoyarlo en la boca daba idea de desconfianza; 3) abanicarse con fuerza indica posible encuentro.

El azúcar. El azúcar que se derrama encima de la mesa es señal de felicidad, pero vertido en el suelo anuncia infortunio.

El maíz. En toda España se mantiene la creencia de que colgar una mazorca de una viga o una puerta protege la casa.

La sal. Es creencia general que cuando se empieza a vivir en una casa es aconsejable echar un poco de sal en cada habitación, antes de disponer los muebles.

El Condenado. En Perú, es el muerto que sale de su tumba y que vaga quemando, con sus gritos, los pajonales de la puna y los arenales de la costa, causando pavor. La paloma y el color blanco son su salvación.

El Diablo. En Guatemala, el 7 de diciembre de cada año "queman al Diablo" en las calles de las ciudades. En Oruro, Bolivia, los mineros homenajean – siempre en carnaval – al Diablo, al que llaman Tío. Si no lo hacen, no tendrán ayuda en su trabajo y no podrán rallar las vetas de estaño. En España, Portugal y varios países americanos, se aconseja, antes de preparar la comida, hacer una cruz en la olla, con lo que se anula la acción del Diablo.

Creen también que no se debe comer en la oscuridad, pues si así se hace, se correrá el riesgo de masticar la cola del Diablo.

Los grillos. En Chile no se debe matarlos porque llevan la buena suerte a la casa en que habitan. En Venezuela el chirriar de un grillo es tenido como de buen agüero.

5. Completa las frases con los verbos estudiados. Fíjate en el sentido de cada frase.

a) Marcia __________ de casa temprano y, con el paro de los autobuses, __________ caminando hasta que __________ la suerte de encontrar un colega y __________ con él en su coche.

b) ¿Sabes cómo __________ la cosa? Nuestros alumnos __________ hacernos una sorpresa y por eso nos dijeron que vendrían más tarde porque tenían un encuentro con el director, pero en verdad nos __________ una fiesta por el Día del Profesor.

c) Tu madre __________ hacerme una sorpresa y me __________ que estabas muy atareada. Cuando __________ para ayudarte __________ la alegría de la cena especial por mi cumpleaños. Fue un momento de rara felicidad. Lo más bello __________ que todos los colegas de clase __________ a la fiesta.

d) Pedro y José __________ a la oficina pero __________ poco después porque __________ un contratiempo y sólo __________ volver casi al final de la mañana.

e) __________ a clase, __________ la prueba y __________ salir, porque era cumpleaños de nuestra abuela, pero no lo __________ y la abuelita se puso triste.

6. Con la ayuda del profesor de Geografía e Historia, haz una encuesta y presenta una creencia, algo curioso de vestuario, un baile típico, algún objeto de artesanía, una costumbre curiosa o diversión de Brasil.

____

____

____

____

____

____

Rinconcito de la Risa

Moneda

— ¡Buaaaaa! ¡Buaaaaa!
— ¿Por qué lloras, nene?
— Por que se me perdió una moneda.
— Bueno, no importa, yo te doy otra, toma.
— ¡Buaaaaa! ¡Buaaaaa!
— ¿Y ahora por qué lloras?
— Por que si no la hubiera perdido... ¡ahora tendría dos!

USO DE Y - E

Observa que en *La evolución social del hombre* está escrito "física **e** intelectual", "material **y** moral". Fíjate en los ejemplos:

infeliz **y** enfermo	
hijo **y** padre	enfermo **e** infeliz
inútil **y** difícil	padre **e** hijo
insultar **y** odiar	difícil **e** inútil
	odiar **e** insultar

Escribe, ahora, según lo que observas en los ejemplos:

____

____

____

____

____

____

7. Emplea **Y** o **E**, según convenga.

a) Voy al teatro ____ después al parque con Ana ____ Irene.

b) Necesitamos leer ____ interpretar este texto para comprenderlo ____ analizarlo.

c) Alumnos ____ autoridades, padres ____ hijos, están todos invitados a la inauguración de nuestra biblioteca.

d) Mamá, voy al fútbol con Juan ____ Ignacio ____ volveré al atardecer.

e) Me gustaría saber cantar ____ bailar, pero soy desafinado ____ inhábil.

f) Además de estudiosos ____ inteligentes, esos alumnos son educados ____ muy atentos.

g) María ____ Inés son hermanas, pero una es alegre ____ comunicativa ____ otra es tímida ____ inestable.

h) Actualmente trabajo ____ estudio para tener un futuro tranquilo ____ promisor.

i) Natación ____ hidrogimnasia son buenos ____ imprescindibles a los que tienen problema respiratorio.

j) El dormitorio ____ la sala son grandes, pero la cocina ____ los baños son muy pequeños.

Escucha, completa y canta.

En el campo de San Roque

Folklore español

__________ campo de San Roque,
En el campo de San Roque,
perdí __________ verde,
__________ una liga verde. (bis)
__________, campo de San Roque,
Adiós, campo de San Roque,
__________. (bis)
Si quiés que __________
en __________
de San __________,
dame a mí, __________,
lo que __________:
un besín __________ que valga __________.
Dame a mí, niña,...
__________ que me des __________,
__________,
yo te __________
__________, tan grande, tan grande,
uno de los míos, __________.
Uno de los...

Vocabulario
Besín: beijinho.
Liga: liga, tira que prende a meia à perna.
Quiés: quieres.
Valga: valha, do verbo valer.

Ventanita

San Ramón, en Honduras, es la primera ciudad en el mundo en estar enteramente alimentada por energía eléctrica de origen solar.

Obrero limpiando los paneles del generador solar en una escuela. San Ramón, Honduras.

Unidad 12

Desafíos

La casa abandonada

En nuestro barrio hay una casa abandonada.

Es una casa vieja, enorme, en la que no vive nadie desde hace muchísimos años. Varios somos los vecinos que creemos que allí habita un monstruo, al que cada uno imagina diferente.

El hijo del panadero afirma que seguramente se trata de un ser con piel de cáscara de pan, piernas de pan de flauta, nariz de sacramento, ojos de pan de leche y cuernitos en la cabeza. En las venas no tiene sangre, sino pan rallado.

El hijo del carpintero lo imagina con patas de mesa, piel de papel lija, dientes de serrucho y cabeza de madera. En vez de lavarse la cara, cada mañana se da una mano de barniz con un gran pincel y, si se le sale un brazo, se da unos cuantos martillazos sobre los clavos del hombro y anda fenómeno.

Para el hijo del electricista, en la casa deshabitada vive un monstruo con cinco ojitos a transistores, que en lugar de boca tiene un dial de radio y en vez de pelo, cables pelados. Mientras duerme, recarga sus baterías poniendo los dedos en el enchufe y para escuchar lo que le dicen debe orientar correctamente sus antenas.

Cada uno imagina al monstruo a su manera.

Cierta vez decidimos investigar la casa.

Para no arriesgar a ninguno de nuestros hombres, por un pequeño agujero que había en la puerta de calle hicimos pasar al perro caniche de la señora de Sabrida, la que tanto se enojaba cuando jugamos a tirarnos barro en su vereda.

Esperamos un rato junto a la puerta de la casa abandonada. Por fin, cuando ya empezábamos a impacientarnos se escucharon unos ruidos y se movieron unos pastitos cerca del agujero de la puerta.

Nos agachamos para observar mejor... y lo vimos: ¡un sapo!

— ¡El monstruo convirtió al perro en sapo! – gritó uno de nosotros.

— Pero la verdadera sorpresa la tuvimos unos minutos después: del agujero de la puerta salió un perro idéntico al de la señora de Sabrida. ¡El monstruo intentaba confundirnos!

Desde ese día cuidamos del perro – convertido en sapo – y hasta le conseguimos un collarcito para hacerlo jugar como cuando era perro.

La señora de Sabrida, por su parte, jamás se enteró de que el perro que tiene en su casa no es el verdadero.

Sí, se lo tiene merecido.

MARIÑO, Ricardo. *La casa maldita*. Buenos Aires: Alfaguara, 1991.

Vocabulario

Agujero: buraco, furo.
Arriesgar: arriscar, aventurar, pôr em risco.
Barniz: verniz.
Caniche: filhote.
Collarcito: coleirinha.
Enchufe: tomada elétrica.
Fenómeno: surpreendentemente, maravilhosamente.
Martillazos: marteladas, pancadas fortes dadas com martelo.
Pastitos: diminutivo de pasto.
Sacramento: misterioso.
Se enojaba: enfurecia, encolerizava, aborrecia.

Ricardo Mariño nació el 4 de agosto de 1956 en Chivilcoy, provincia de Buenos Aires, Argentina. Es escritor, periodista y guionista.

Realizó colaboraciones para diversas revistas y suplementos infantiles como *Billiken, La hojita, Cordones sueltos, Humi* y *A – Z diez*.

ACTIVIDADES

1. Lee el texto y responde a las preguntas propuestas.

a) ¿Qué hicieron con el perro de la señora Sabrida?

____

b) En tu opinión, ¿por qué creían los vecinos que la casa abandonada tenía un monstruo?

____

c) ¿Por qué cada uno se imaginaba un monstruo diferente?

____

____

d) Reuniéndote con tus compañeros, dibuja cómo se imaginaron el monstruo los hijos del panadero, del carpintero y del electricista.

e) ¿Cómo lo imaginarían si los niños fueran hijos de librero, de músico y de relojero? Explícalo.

____

f) ¿Cómo te imaginas que era la casa en su interior?

____

g) Explica los dos últimos párrafos del texto.

____

____

h) ¿Qué sentimiento revelan los niños en la última frase del texto?

____

i) Prosigue un poquito la historia, dándole otro final.

____

2. Vamos a jugar un poco con magia y alegría sobre lo que aprendimos durante el año. Supongamos que el monstruo te atrapó y para soltarte te hace una exigencia: tienes que acertar todos los desafíos que te proponemos. Bueno, ¡a trabajar! El que acierte gana puntos y el que yerre paga multa. Serán diez desafíos.

Primer desafío

Da cinco profesiones relacionadas a:

Alimentación: _______________

Vestuario: _______________

Diversión: _______________

Cultura: _______________

Salud: _______________

Segundo desafío

Busca la palabra o expresión del texto que puede ser sustituida por:

Momento: _______________

Supo: _______________

Maravillosamente: _______________

Vereda: _______________

Pensamos: _______________

Sin duda: _______________

Se enfada: _______________

Vacía: _______________

Hoyo: _______________

Hierba/hierbecita: _______________

Tercer desafío

Busca en el crucigrama el antónimo de las palabras abajo. Las letras que sobran te darán un pensamiento.

afirma	día	impacientar	mejor	verdadero
idéntico	enorme	con	jamás	después
duerme	decidimos	grito	sale	

E	S	T	U	D	D	U	D	A	M	O	S
E	N	T	R	A	C	H	I	C	A	I	A
R	E	F	A	L	S	O	S	P	E	N	S
A	S	U	S	U	R	R	O	R	E	N	E
C	A	L	M	A	R	L	P	E	O	R	F
U	T	U	R	N	I	E	G	A	O	Y	G
A	D	E	S	P	I	E	R	T	A	R	A
S	I	E	M	P	R	E	N	O	C	H	E
N	T	D	I	S	T	I	N	T	O	I	Z
A	R	L	O	S	I	N	A	N	T	E	S

Cuarto desafío

Con verbos sacados del texto completa las columnas. Fíjate en los tiempos verbales. Si tienes dudas, pregunta a tu profesor o consulta los cuadros anteriores de tu libro.

INDICATIVO			
Presente	**Pretérito Imperfecto**	**Pretérito Indefinido**	**Pretérito Perfecto**
hay			
hace			
creemos			
tiene			
da			
anda			
dicen			
convierte			
tenemos			
es			

Quinto desafío

Completa las frases, poniendo en español lo que viene entre paréntesis.

a) ________ día cada ________ imaginó ________ monstruo ________ casa. (um – um – o – daquela)

b) La señora de Sabrida ________ dio ________ trabajo con ________ temperamento ________. (lhes – muito – o – seu)

c) Yo como ________ pan ________ me parece un alimento ________ nutritivo ________ importante a ________ salud. (muito – pois – muito – e – nossa)

d) ________ descanso, pienso ________estudios y ________ responsabilidades ________ y ________. (enquanto – nos – nas – minhas – tuas)

e) Los niños ________ historia son ________ imaginativos ________ es un aspecto curioso a ser analizado. (dessa – muito – e isso)

f) ________ no son los niños ________ te hablé. (esses ¬ dos quais)

g) ________ historia es ________ interesante que ________ porque es original ________ tiene emoción ________ imaginación. (esta – mais – outras – e – e)

h) ________ niños y ________ han dado un encanto especial ________ historia ________ casa abandonada. (estes – aqueles – à – da)

Rinconcito de la Risa

¡Yo!

— ¿Cómo saben los ángeles en el cielo quién es Dios?
— Porque es el único que a la hora de acostarse dice: "Hasta mañana si YO quiero".

Pelo

— ¿Dónde tiene más pelo un oso?
— En el lado de fuera.

Sexto desafío

Escucha los diálogos y complétalos.

Diálogo uno – La fiesta

Hija: ¡Mamá! ¿Cómo te va?

Madre: ¡ ______________ ! Quería hablarte sobre el cumpleaños de Tavito.

Hija: ¡Estamos en el paraíso, mamá! Ya lo sabes. Tavito aprobó la selectividad para Medicina.

Madre: ¿Le van a hacer alguna fiesta? ¿Dónde?

Hija: En la sala, en el patio, en el jardín y en el garaje. Como es verano y el tiempo ______________ y caliente... Será este sábado, día 24. Serán tres fiestas juntas, mamá.

Madre: Me imaginaba: lo de la selectividad, ______________ de Tavito el 16 y la ______________. Bueno, hija, quiero colaborar porque tienes muchos gastos.

Hija: Voy a aceptarlo, mami, porque esta época la plata es corta.

Madre: Vamos a comprar las comidas, bebidas, todo lo ______________. ¿Puede ______________ por la tarde?

Hija: Sí, mami. ¿Está bien a la una?

Madre: Sí. Te espero. Chao, hija.

Hija: Chao, mamá. ______________.

Diálogo dos – De compras

Madre: Bueno, hija, ya compramos la carne, los embutidos, papas, tomate, ______________, lechuga, huevos y aceitunas para la ensalada, y champán.

Hija: Y las tartas, higos, duraznos y ______________ en almíbar, ______________, ______________ de leche, de coco, de chocolate, y vasos, bandejitas y servilletas de papel.

Madre: Creo que ahora sólo falta el regalo a mi nieto. Y será algo que le gustará muchísimo.

Hija: ¿Qué, mamá?

Madre: ¡Sor – pre – sa!

Diálogo tres – Los regalos

Tavito: ¡Abuelita! Me vas a matar del corazón. No creo que ________ ordenador es sólo para mí... y con ________ telefónica particular. ¡Eso es requete-bárbaro!

Abuela: Lo mereces, Tavito. La alegría que nos diste no tiene precio. ¡Enhorabuena!

Tavito: Déjame besarte las manos.

Abuela: ¡Ajá! Y ahora el regalo que los Reyes han dejado a los nietos, hija y ________. ¡Hugo! El deportivo que tanto querías. Para Maribel... aquel vestido de fiesta – color champán – que tanto te ha gustado; para mi hija CDs, justo los que vimos en el shopping. Y para mi yerno un ________.

Tavito, Maribel, Hugo: ¡Vivan los ________!

Hugo: Con todo ese lío no te compramos nada, sólo ese ________.

Abuela: ¡Ah! ¡Mi collar! ¡El collar con que tanto ________! ¡Gracias! Mil gracias a todos ustedes.

1. Transcribe de los diálogos la expresión, palabra o frase que corresponde a lo que te pedimos.

a) La hija a la madre sobre la felicidad de todos: ________

b) Cariño de la hija a la madre: ________

c) Agradecimiento de Tavito a la abuela por el regalo: ________

d) Seis distintos sentimientos que los diálogos revelan: ________

____

2. Prosigue un poquito más el diálogo de modo que presente un otro final, bien original y sorpresivo.

____

____

____

____

Séptimo desafío

Completa las frases, empleando los verbos estudiados en la Unidad 11, pág. 125, según convenga.

a) ¡Cómo son las cosas! (yo) ____________ llevarla al cine y Ud. no ____________; ____________ tiempo de arreglarme y Ud. no ____________; (yo) ____________ un paseo por la ciudad y Ud. no lo ____________; en fin (yo) ____________ conocer cosas que Ud. no ____________.

b) Me ____________ que te ____________ una invitación para representar nuestra ciudad en un torneo literario y no ____________ aceptar; (yo) ____________ para convencerte a representarnos y decirte que todos nos pusimos tristes cuando supimos de tu decisión.

c) Conozco a un joven que es un ejemplo de virtudes. Él siempre ____________ ser un atleta, ____________ la persistencia de entrenar tres horas diarias de corrida; puso todo su esfuerzo en ese sueño; estuvo un año sin empleo, pero fue fiel a su ideal; cuando ____________ a punto de desistir, un empresario le ____________ una propuesta de trabajo y se propuso a apoyarlo. Bueno, fue el campeón del torneo y un ejemplo de conducta humana.

d) (yo) Les ____________ esperando para nuestro compromiso pero el director me ____________ que una persona me quería hablar y ____________ que atenderla.

e) (tú) Me ____________ visitar pero (yo) no ____________ recibirte porque mi padre ____________ un problema y (yo) ____________ con él por muchas horas, hasta que me ____________ que estaba bien y, cuando ____________ de su casa, ya era de madrugada.

f) Ya te ____________ (yo) que no ____________ ayer a tu cumple porque ____________ que prepararme para la prueba de Literatura que ____________ hoy por la mañana.

g) Anita ____________ que puso los libros en el suelo para limpiar los armarios y fue lo que ____________ haciendo todo el día de ayer.

h) ____________ del cine porque aquellas escenas de violencia me pusieron nerviosa y me ____________ reflejar sobre por qué los productores ____________ gastar tanto sólo para mostrar aspectos negativos del mundo moderno.

Octavo desafío

Escribe por extenso los números que están en los recuadritos.

El año tiene 365 días y 52 semanas.

América fue descubierta en 1492 y Brasil em 1500.

El alfabeto español tiene 27 letras: 5 vocales y 22 consonantes.

Existen 2.796 lenguas en el mundo.

Un elefante come 125 kg de plantas y bebe 200 litros de agua al día.

El hombre tiene 206 huesos y su cerebro pesa de 280 a 340 gramos.

Por los datos de 1993, Brasil tiene 4.972 municipios.

La distancia entre la Tierra y la Luna es de 382.166 km.

La Biblia ha sido traducida y publicada en 275 lenguas.

La República de la India tiene 18 idiomas oficiales.

Ya han sido registrados en la Amazonia 2.500 especies de árboles.

El Río Amazonas lanza en el Atlántico 175.000.000 de litros de agua por segundo.

El corazón de la jirafa es 43 veces mayor que el del hombre.

Tiradentes fue ahorcado el 21 de abril de 1792.

El famoso puente Rio-Niterói tiene 13.290 metros.

El Cristo Redentor está a 709 metros sobre el nivel del mar y tiene 38 metros de altura.

Noveno desafío

Las escaleritas culturales.

Si no te acuerdas, consulta el diccionario y rellena las escaleras. En cada peldaño aumenta una letra. Así, por ejemplo, la primera bebida tiene dos letras y la última tiene nueve. ¡A trabajar! Son las escaleras de bebidas, alimentos, vestuario, animales y familia.

BEBIDAS

CID

POMPEU/STUDIO 47

9

8

7

6

5

CID

4

3

2

ALIMENTOS

CID

10

9

8

7

6

5

4

3

THAÏS BOTELHO/CID

CID

CID

VESTUARIO

CID

CID

CID

12

11

10

CID

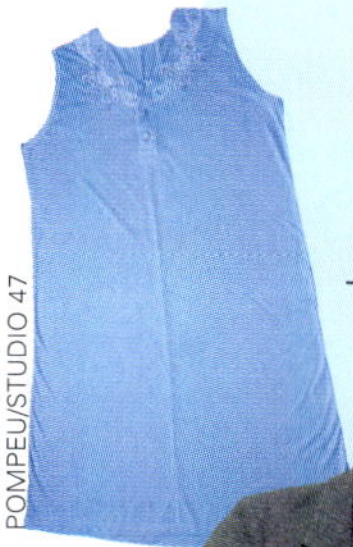
POMPEU/STUDIO 47

POMPEU/STUDIO 47

9

8

7

6

5

4

EDUARDO ARISSA/CID

ANIMALES:

FOTOS: CID

10

9

8

7

6

5

4

3

FAMILIA:

11

9

8

7

6

5

4

3

Curiosidad

Cuando los peruanos esperan la llegada del Niño Manuelito (así llaman al niño Dios), cumplen varias costumbres. Primero los niños ensayan mucho tiempo diferentes melodías tradicionales en sus quenas, mientras las madres amasan harina de maíz, que les servirá para hacer panes dulces y salados. Finalmente, todos juntos, al caer de la tarde, van a la iglesia del pueblo, a ver el pesebre que han armado entre todos.

Décimo desafío

Tú último desafío serán las adivinanzas que a continuación te presentamos y que abordan los siguientes temas: los útiles, los alimentos, los animales, las plantas, el juego, el alfabeto, el cuerpo humano, meteorología, actividad mental.

¿Quién soy? ¿Quién soy?

FOTOS: CID

Siempre voy al "cole" llena de libros pero no sé leer. ______________________

Es más alto que un pino y pesa como un comino. ______________________

Es un ave muy famosa que no tiene panza. ______________________

Animal soy y las cinco vocales te doy. ______________________

Allí van dos, uno se moja, el otro no. ______________________

Tengo brazos desiguales pero esclavizo al hombre. ______________________

Come sin tener boca, anda y corre sin tener pies. ______________________

Cien redondillos en un redondón, saca, mete, quita y pon. ______________________

Cuatro andantes, cuatro mamantes, un quitamoscas, y dos apuntantes. ______________________

Estoy en el sol, estoy en el río y cuando camino voy contigo. ______________________

De siete en siete vamos, cogiditos de las manos. ______________________

Me quieren, me buscan y, cuando me tienen, me expulsan. ______________________

Soy la mitad del coche, pero más saludable y menos complicadora. ______________________

Vence a todos y todos se rinden a él, sean reyes o fieras. ______________________

Vengo del olivar, tengo un sabor de envidiar. ______________________

En un cuartito, oscuro y caliente, baila y baila mucha gente. ______________________

Escucha y canta.

Brincan y bailan

Villancico

En Belén tocan a fuego,
del portal salen las llamas
porque dicen que ha nacido
el redentor de las almas.

Brincan y bailan los peces en el río,
brincan y bailan de ver a Dios nacido.
Brincan y bailan los peces en el agua,
brincan y bailan de ver nacida el alba.

Niño, niño, cómo quemas
por la fuerza del amor;
si esto haces cuando es invierno
qué harás cuando haga calor...
Brincan y bailan...

Ventanita

Prodigios infantiles

1. El cantante más joven fue el francés Jordy, que con apenas 4 años logró el número uno en las listas musicales francesas.
2. El matrimonio más joven es de un niño de once meses con una niña de tres meses en Bangladesh, en la ciudad de Aminipur, en 1966. El motivo fue para acabar con las disputas entre sus familias.
3. El más joven campeón de ajedrez fue Etienne Bacrot, campeón del Gran Master de Ajedrez, que a los 14 años y 59 días superó al húngaro Peter Leko en 1994.
4. El licenciado más joven es Michael Kearney, que se recibió en Antropología en la Universidad de Alabama Sur (Estados Unidos) en 1994, a los 10 años y cuatro meses.